LA COMPTABILITÉ ANALYTIQUE *ou comptabilité de responsabilité*

Jean LOCHARD

avec la participation amicale
de Dominique GILBERT

Éditions d'Organisation

Éditions d'Organisation
1, rue Thénard
75240 Paris Cedex 05
www.editions-organisation.com

Dans la collection SCHÉMACOLOR

Créer, reprendre, gérer une petite entreprise.
Initiation aux techniques comptables.
Comprendre les documents comptables et financiers.
Initiation à la gestion.
Les bases de l'analyse financière.
Le tableau de bord au service de l'entreprise.
La comptabilité analytique ou comptabilité de responsabilité.
La gestion budgétaire, outil de pilotage des managers.
Les ratios, aide au management et au diagnostic.

Du même auteur

La formation à distance ou la liberté d'apprendre,
Les Éditions d'Organisation.

La formation, rencontre de l'homme et de l'entreprise,
IPAJE, Paris La Défense.

ISBN : 2-7081-2157-X
ISSN : 1285-5782

SIGNIFICATION DES COULEURS UTILISÉES

- passif, ressources
- actif, emplois, investissements, stocks
- trésorerie : recettes, entrées, dépenses, sorties
- fonds de roulement, trésorerie nette
- variation des stocks amont ou stocks amont
- variation des stocks aval ou stocks aval, production immobilisée
- charges, achats, coûts, consommations, débit d'un compte ou d'un centre
- produits, ventes, chiffre d'affaires, production, crédit d'un compte ou d'un centre
- impôts
- résultat ou marge bénéficiaire, boni, écarts favorables
- résultat ou marge déficitaire, mali, écarts défavorables
- amortissement des immobilisations au bilan

LA MÉTHODE SCHÉMACOLOR*

Créée et développée par Jean LOCHARD depuis 1971, cette méthode consiste à caractériser les **quatre flux économiques principaux par quatre couleurs** :

• flux de productions (produits, crédit)	bleu
• flux de consommations (charges, débit)	rouge
• flux économiques (actif, emplois)	jaune
• flux financiers (passif, ressources)	vert

Certaines couleurs intermédiaires sont employées pour les impôts, marges, résultats, écarts, soldes intermédiaires de gestion, variations de stocks et agrégats de l'économie générale, soit dans les tons violets et mauves, soit dans les tons marron, orange et gris.

Ces couleurs sont **cohérentes d'un domaine à l'autre**, que ce soit la finance, les systèmes comptables, l'économie générale ou l'économie d'entreprise.

Elles sont également **cohérentes d'un support à l'autre** : livres, documents pédagogiques (tests, exercices, cas), supports visuels (transparents, tableaux, diapositives), logiciels, films, vidéo, CD-Rom ou télématique.

Cette méthode permet :

- une internationalisation de la **visualisation** des concepts,
- une facilité de **compréhension** et de **mémorisation**,
- une **cohérence** de formation et de communication.

Le graphisme est à base de colonnes verticales avec de nombreuses variantes.

** La marque et la méthode schémacolor sont déposées à l'INPI.*

Ce livre comporte quatre séries de tests, pages 36, 54, 78 et 118.

Ces tests se rapportent aux chapitres précédents.

Chaque test de 10 propositions comporte 4 erreurs.

Les réponses anormales font l'objet d'un commentaire page 144.

Heureusement, de plus en plus d'acteurs des entreprises souhaitent prendre et assumer des responsabilités. Faut-il encore avoir les moyens nécessaires !

Bureaux, machines, équipements sont des moyens matériels pas toujours faciles à obtenir.

Les moyens de gestion sont plus délicats à définir. Participer aux contrats budgétaires, avoir des délégations de pouvoir pour gérer les activités dont on est responsable, sont des moyens pour atteindre des objectifs ; la comptabilité analytique est un moyen pour disposer d'informations chiffrées au niveau et au service des responsables, pour « faire le point » aussi souvent qu'il est nécessaire (parfois quotidiennement dans certaines entreprises à flux continu).

Faut-il encore avoir quelques connaissances en comptabilité analytique pour en tirer les chiffres et les données significatives.

Ce livre est à la portée de tous. Cependant, il est souhaitable d'avoir quelques connaissances en comptabilité générale pour faciliter sa compréhension.

Jean LOCHARD
Dominique GILBERT

Avec les remerciements de l'auteur à MAÏTÉ SAUVAGE
qui a assuré la mise au point et les coordinations nécessaires à la parution de cet ouvrage.

PLAN DU LIVRE

INDEX ALPHABÉTIQUE

DÉFINITIONS

Les définitions suivies d'un astérisque sont celles du plan comptable

ABONNEMENT (ou charges abonnées)

Opération qui consiste à imputer (en charges) pendant une période plus ou moins longue (et, souvent, tout au long d'un exercice) une somme régulière et identique tous les mois. L'abonnement évite un à-coup important de charges qui seraient imputées en une seule fois, telles que certaines taxes, les primes d'assurance, la consommation des fluides, les loyers, certaines redevances, etc.

ACHAT (prix)

Un achat représente la valeur exprimée en unités monétaires d'une transaction entre un tiers et l'entreprise impliquant un transfert de propriété du fournisseur à l'entreprise (ou la reconnaissance d'un service rendu), et un paiement de valeur équivalente et convenue de l'entreprise à son fournisseur. Il doit être exprimé hors taxes en exploitation. Les dettes aux fournisseurs sont exprimées TTC au bilan.

ACTIVITÉ D'EXPLOITATION*

Division de l'unité comptable pour laquelle il peut être tenu un compte d'exploitation élémentaire distinct.

AFFECTATION (en comptabilité analytique)*

Inscription « immédiate », c'est-à-dire sans calcul intermédiaire, d'une charge à un compte de coût. Le mot affectation est également employé lorsque des charges peuvent être prises en compte par des centres d'analyse sans répartition préalable.

AMORTISSEMENT POUR DÉPRÉCIATION*

Constatation comptable d'un amoindrissement de la valeur d'un élément d'actif résultant de l'usage, du temps, de changement de technique et de toute autre cause.
En raison des difficultés de mesure de cet amoindrissement, l'amortissement consiste, généralement, à étaler sur une durée probable de vie la valeur des biens normalement amortissables. Cet étalement prend la forme d'un plan d'amortissement. Il peut être calculé suivant diverses modalités.

AMORTISSEMENT FISCAL

Amortissement pris dans le sens de dépréciation d'une immobilisation dont la durée, la méthode et le taux sont contrôlés par l'administration fiscale d'une façon uniforme sur le territoire français, sauf dérogations très spécifiques.
L'amortissement fiscal est un élément du calcul de l'impôt. Il peut être pris en considération dans les coûts en comptabilité analytique dans la mesure où la vérité économique n'est pas trop éloignée des règles fiscales.

AMORTISSEMENT DES IMMOBILISATIONS*

Constat de la diminution de valeur d'une immobilisation effectué en fonction de critères économiques et/ou fiscaux déterminant, en particulier, la durée et la méthode de dépréciation.

AMORTISSEMENT TECHNIQUE

Dépréciation d'une immobilisation calculée sur sa durée de vie réelle dans le cadre de l'entreprise, en fonction de l'utilisation réelle et des méthodes propres à l'entreprise.
L'amortissement technique annuel (ou périodique) est plus ou moins élevé par rapport à l'amortissement fiscal. La différence est portée dans un compte d'écart.

BUDGET

Le budget est une prévision chiffrée en volumes et en unités monétaires de tous les éléments correspondant à un programme d'activité déterminé établi en fonction d'objectifs négociés et acceptés.
Un budget d'exploitation est la prévision chiffrée de tous les éléments correspondant à une ou plusieurs hypothèses d'exploitation pour une période déterminée, en général un exercice.
Un budget peut être établi pour une entreprise ou pour une subdivision de l'entreprise.
La notion de budget s'applique également aux investissements et à la trésorerie, le budget de trésorerie étant la résultante de tous les autres budgets.

CALCUL À COÛTS CONSTANTS*

Calcul dans lequel les quantités sont valorisées sur la base du coût unitaire constaté pour une année de référence donnée.

CENTRE D'ANALYSE*

Division de l'unité comptable où sont analysés des éléments de charges « indirectes » préalablement à leur imputation aux coûts de produits intéressés.
Les opérations d'analyse comprennent :

- l'affectation des charges qui peuvent être directement rattachées aux centres,
- la répartition entre les centres des autres charges qu'ils doivent prendre en compte,
- la cession de prestations entre centres.

Au terme de ces opérations, le coût de chaque centre d'analyse peut être imputé au coût de production à l'aide d'une « unité d'œuvre ». Les centres d'analyse comprennent des centres de travail et des sections.

CENTRE AUXILIAIRE

Un centre auxiliaire regroupe les charges devant faire l'objet de virements à d'autres centres par l'intermédiaire de répartitions.

CENTRE DE CALCUL

Regroupement de charges souvent de même nature pour les répartir en volume et en francs. Un tel centre n'a pas pour objectif de dégager de marge. Les écarts sont calculés par produit entre les prévisions et les réalisations, en général, mensuelles et, éventuellement, par centre géographique.

CENTRE DE COÛTS*

Groupement de charges correspondant à un critère particulier (un atelier, un chantier, un produit, une commande, etc.).
Ces centres (encore parfois appelés sections) sont débités de leurs consommations réelles et crédités de leurs budgets. On en tire un écart entre les prévisions et les réalisations, entre le budget et le « réel ». Les centres de coûts sont représentés par les centres de chiffres d'affaires, les centres de frais ou les centres de dépenses[(1)].

CENTRE DE DÉPENSES

Centre de responsabilité dont les activités sont difficilement mesurables. Ces centres sont débités de leurs consommations réelles et crédités de leurs budgets. Ils s'en dégage un écart global sur budget qui doit être aussi proche que possible de zéro.

CENTRE DE FRAIS

Centre de responsabilité dont on peut mesurer l'activité. Ces centres sont débités de leurs consommations réelles et crédités du nombre d'unités d'œuvre produites valorisé suivant un budget préétabli.

CENTRE D'INVESTISSEMENT

Centre de responsabilité ayant pour objet de gérer des investissements (corporels, incorporels ou financiers) et d'en tirer une rentabilité optimale.

CENTRE PRINCIPAL

Les centres principaux sont ceux dont les charges s'imputent aux comptes de coûts.

CENTRE DE PROFIT*

Synonyme de « compte d'exploitation élémentaire ». Voir « compte d'exploitation analytique ».
Centre ayant la pleine responsabilité d'un résultat tiré d'un compte de résultat analytique. Un centre de profit est débité de ses charges et crédité de ses ventes externes et des cessions internes[(1)].

CENTRE DE RENTABILITÉ

Centre de responsabilité dont l'objectif est d'optimiser ou parfois de maximiser la rentabilité des capitaux mis à sa disposition. Un centre de rentabilité a un bilan décentralisé et un compte de résultat.

CENTRE DE RESPONSABILITÉ*

Centre de travail, centre de coût, centre de profit conçus pour correspondre à un échelon de responsabilité dans l'entreprise.

(1) le deuxième paragraphe n'est pas dans la définition du plan comptable.

CENTRE DE TRAVAIL*

Centre d'analyse correspondant à une division de l'organigramme de l'entreprise telle que le bureau, le service, l'atelier, le magasin, etc. On distingue, généralement, du point de vue comptable, les centres de travail en « centres opérationnels » et « centres de structure ».
Les centres opérationnels peuvent, eux-mêmes, être distingués en « centres principaux » et « centres auxiliaires ».
Un centre de travail peut comprendre plusieurs sections.

CHARGES (en comptabilité analytique)*

Terme comptable désignant les consommations de l'entreprise chiffrées en valeur monétaire. Les charges comprennent les achats consommés et les frais qui se rapportent à l'exploitation de l'exercice en cours, ainsi que les dotations aux comptes d'amortissements et de provisions.

CHARGES D'ACTIVITÉ

Les charges d'activité sont liées à l'activité. Elles sont aussi appelées « variables » (parce qu'elles varient en fonction de l'activité) ou « opérationnelles » (parce qu'elles sont liées aux opérations d'exploitation).
Les charges d'activité sont rarement proportionnelles à l'activité.
La notion de charges d'activité est utilisée dans les budgets flexibles.

CHARGES CALCULÉES*

Charges dont le montant est évalué selon des critères appropriés.
En comptabilité analytique, on distingue :

- les charges de « substitution » dont le critère d'évaluation peut être différent des charges correspondantes de comptabilité générale :
  - ➥ « valeur de remplacement matière », lorsqu'elle se substitue à « prix d'achat matières » ;
  - ➥ « charges d'usages », lorsqu'elles se substituent à « amortissements » ;
  - ➥ « charges étalées », lorsqu'elles se substituent à « provisions ».
- les charges « supplétives » qui ne figurent pas en comptabilité générale :
  - ➥ « rémunération conventionnelle du travail non rémunéré en tant que tel » ;
  - ➥ « rémunération conventionnelle des capitaux propres ».

CHARGES COURANTES (en comptabilité analytique)*

Charges d'exploitation afférentes à la période de calcul. Elles comprennent les charges financières courantes mais ne comprennent pas les charges sur exercices antérieurs ni les charges exceptionnelles.

CHARGES DIRECTES*

Charges qu'il est possible d'affecter « immédiatement », c'est-à-dire sans calcul intermédiaire, au coût d'un produit, d'un service ou d'une activité déterminé.
Charges que l'on peut affecter sans la moindre ambiguïté et sans répartitions préalables à un compte de production, à une affaire, à une activité ou à un centre [1].

CHARGES FIXES (ou frais fixes)

Ce terme désigne, *a priori*, des charges qui ne varient pas ; en réalité, pratiquement aucune charge n'est fixe à moins que la période prise en considération soit très courte. Il est préférable de parler de charges liées à la structure (charges de structure) par opposition aux charges liées à l'activité (charges d'activité).

CHARGES INCORPORABLES ET CHARGES NON INCORPORABLES*

Les charges peuvent être distinguées en charges « incorporables » et charges « non incorporables », selon que leur incorporation aux coûts est, ou non, jugée raisonnable par le chef d'entreprise.
Les charges non incorporables sont traitées comme des « différences d'incorporation sur autres charges ».

CHARGES INDIRECTES*

Charges qu'il n'est pas possible d'affecter « immédiatement ». Elles nécessitent un calcul intermédiaire pour être imputées au coût d'un produit déterminé.
Charges qui ne peuvent être affectées à un compte de production, à une affaire, à une activité ou à un centre que par l'intermédiaire d'une répartition ou d'un centre d'analyse[1].

(1) le deuxième paragraphe n'est pas dans la définition du plan comptable.

CHARGES OPÉRATIONNELLES (ou charges d'activité ou charges variables)*

Charges liées au fonctionnement de l'entreprise. L'évolution de ces charges dépend étroitement du degré d'utilisation, de l'intensité et du rendement dans l'emploi des capacités et moyens disponibles. Ces charges sont, le plus généralement, « variables » avec le volume d'activité, sans que cette variation lui soit nécessairement proportionnelle.

CHARGES DE STRUCTURE*

Charges liées à l'existence de l'entreprise et correspondant, pour chaque période de calcul, à une capacité de production déterminée. L'évolution de ces charges avec le volume d'activité est discontinue. Ces charges sont relativement « fixes » lorsque le niveau d'activité évolue peu au cours de la période de calcul.

CHARGES SUPPLÉTIVES

Sont groupées sous ce vocable : la rémunération conventionnelle des capitaux propres de l'entreprise (ou « charges financières calculées ») et la rémunération du travail de l'exploitant. Bien qu'exclus des enregistrements de charges en comptabilité générale, ces éléments peuvent être pris en considération par la comptabilité analytique.

CHARGES VARIABLES

Voir « charges opérationnelles ».

CHIFFRE D'AFFAIRES*

Montant des affaires réalisées par l'entreprise avec les tiers dans l'exercice de son activité professionnelle normale et courante.

Montant des factures envoyées aux clients au cours d'une période. Il doit être exprimé hors TVA ou TVA comprise (il est préférable de toujours l'exprimer hors TVA). Le chiffre d'affaires incorpore le montant des factures à envoyer aux clients et correspondant à des travaux, fournitures ou services effectivement terminés ou en cours de livraison à la clôture de l'exercice (ou de la période prise en considération)(1).

CLASSE COMPTABLE

Subdivision principale en 9 parties de l'ensemble des comptes prévus par le plan comptable.

COMPTABILITÉ

La comptabilité est un système qui sert à mesurer en unités monétaires, les flux d'entrées et de sorties de biens, de services et d'argent. La comptabilité générale a pour buts :

- de définir le résultat périodique de l'entreprise,
- d'indiquer en permanence les dettes et les créances de l'entreprise,
- de valoriser les inventaires (le bilan).

La comptabilité analytique est conçue pour expliquer et détailler l'origine des coûts. Elle mesure les flux économiques internes, en particulier le cheminement des coûts. Elle sert à expliquer aux responsables les écarts entre les prévisions et les réalisations dans le cadre du contrôle budgétaire. La comptabilité analytique nécessite un découpage de l'entreprise en centres de responsabilité.

COMPTE*

Plus petite unité retenue pour le classement et l'enregistrement des éléments de la nomenclature comptable. Par extension, on emploie également le mot « compte » pour désigner des regroupements de comptes.

COMPTE D'EXPLOITATION ANALYTIQUE*

Compte dressé en comptabilité analytique pour comparer aux produits courants les charges qui leur correspondent. La différence constitue une marge ou un résultat selon le contenu du coût. À une activité correspond un « compte d'exploitation élémentaire ». La sommation des comptes d'exploitation élémentaires fournit le « compte d'exploitation analytique ». Son résultat est le même qu'en comptabilité générale, aux différences d'incorporation près.

COMPTE DE RECLASSEMENT (en comptabilité analytique)*

Groupement de charges ou de produits courants de natures diverses dont le contenu est homogène par rapport au critère de classement choisi. Ce groupement est parfois utilisé pour faciliter l'affectation ou la répartition des charges ou des produits courants dans le réseau d'analyse.

---

(1) le deuxième paragraphe n'est pas dans la définition du plan comptable.

COMPTES RÉFLÉCHIS*

Comptes pouvant être utilisés pour assurer le contrôle de concordance entre la comptabilité analytique et la comptabilité générale lorsque celles-ci sont tenues de façon autonome.
Ces comptes ont pour objet d'assurer l'autonomie de la comptabilité analytique. Ils sont destinés à recevoir la contrepartie des écritures de la comptabilité générale utilisées par la comptabilité analytique[(1)].

CONSOMMATIONS

Ensemble des biens et des services détruits ou transformés pendant une période. Par extension, les amortissements et les provisions sont des consommations utiles ou inutiles de moyens.

CONTRÔLE BUDGÉTAIRE*

Contrôle de gestion caractérisé par la comparaison périodique des prévisions budgétaires et des réalisations.
Le contrôle budgétaire consiste essentiellement :
- à constater et à analyser des écarts entre des prévisions et des réalisations,
- à entreprendre des actions correctives coordonnées pour atteindre des objectifs,
- à rendre compte périodiquement et régulièrement suivant des procédures propres à chaque entreprise[(1)].

CONTRÔLE DE GESTION*

Ensemble des dispositions prises pour fournir aux dirigeants et aux divers responsables des données chiffrées périodiques caractérisant la marche de l'entreprise. Leur comparaison avec des données passées ou prévues permet aux dirigeants de déclencher rapidement les mesures correctives appropriées avec l'aide ou les conseils du contrôleur de gestion.
Le contrôleur de gestion a pour mission d'étudier, de normaliser, de mettre à jour et de diffuser des procédures et des tableaux de bord. Le contrôle de gestion est un système d'information, de communication et de formation. Il s'appuie sur les principes de cohérence, de pertinence et de convergence[(1)].

COÛT*

Somme de charges relatives à un élément défini au sein du réseau comptable. Un coût est défini par les trois caractéristiques suivantes :
- le « champ d'application » du calcul : un moyen d'exploitation, un produit, un stade d'élaboration du produit, etc.,
- le « contenu » : les charges retenues en totalité ou en partie pour une période déterminée,
- le « moment de calcul » : antérieur (coût préétabli) ou postérieur (coût constaté) à la période considérée.

Le coût est une accumulation de charges correspondant soit à une fonction, soit à une partie de l'entreprise, soit à un objet, une prestation de service, un groupe d'objets ou de prestations de services[(1)].

COÛT D'ACHAT

Le coût d'achat représente tout ce qu'ont coûté hors TVA les marchandises et les matières jusqu'au stockage, c'est-à-dire le montant figurant sur les factures d'achat majoré de tous les frais d'achat y compris les droits de douane et, éventuellement, des frais d'approvisionnement tels que les transports et les contrôles de qualité et de quantités. Ces coûts sont calculés distinctement par nature de marchandises ou de matières ou par groupe de marchandises ou de matières.

COÛT D'ACQUISITION*

Le coût d'acquisition d'un bien s'obtient en additionnant les éléments suivants :
- le prix convenu, c'est-à-dire le montant en francs résultant de l'accord des parties à la date de l'opération,
- les frais accessoires, c'est-à-dire les charges directement ou indirectement liées à l'acquisition en état d'utilisation du bien ou pour son entrée en magasin (par exemple : frais de transport, frais d'installation et de montage, etc.).

COÛT AJOUTÉ*

Coût des activités propres de l'entreprise, ajouté par celle-ci aux achats de biens et de services utilisés.

---

(1) le deuxième paragraphe n'est pas dans la définition du plan comptable.

COÛT APPROCHÉ*

Coût employé en cours de période de calcul pour des raisons de commodité et non pas en vue d'une analyse de gestion. Ce coût est obtenu par des moyens divers (référence à la période précédente, prix de vente corrigé par une réfaction forfaitaire, etc.). Son caractère principal est de ne présenter avec les coûts réels que des différences relativement faibles.

Le coût dit approché utilisé pour des raisons de commodité est obtenu par l'enregistrement des mouvements à des prix très voisins des coûts réels. La détermination d'un coût approché peut être obtenue par des méthodes statistiques(1).

COÛT CACHÉ

Un coût caché est un coût réel que l'organisation comptable ou de gestion ne permet pas d'isoler mais dont les conséquences peuvent être importantes. Les exemples les plus frappants sont le coût réel de l'absentéisme, le coût réel d'un changement de fournisseur, le coût réel d'un licenciement et ses conséquences parfois étalées sur plusieurs exercices, etc.

Par ailleurs, il y a des coûts non calculables et non valorisés mais réels comme la perte d'un client, le décès d'un responsable, la suppression d'un produit relancé par un concurrent.

COÛT DE CESSION*

Valeur conventionnelle, différente du coût de revient, qui est choisie par l'entreprise pour céder des produits (biens et services) d'un établissement de l'entreprise à un autre.

COÛT COMPLET*

Coût constitué par la totalité des charges qui peuvent lui être rapportées par tout traitement analytique approprié : affectation, répartition, imputation, etc.

Coût d'un produit (d'un service ou d'une activité) comprenant les coûts liés à l'activité et une part de coûts de structure. Les coûts de structure sont dits « absorbés » par l'ensemble de l'activité au moyen de répartitions plus ou moins nombreuses qualifiées souvent de conventionnelles, arbitraires ou contestables(1).

COÛT DIRECT*

Coût constitué par :

- des charges qui lui sont directement affectées : ce sont, le plus généralement, des charges « opérationnelles » (ou « variables »),
- des charges qui peuvent être rattachées à ce coût sans ambiguïté, même si elles transitent par les centres d'analyse ; certaines de ces charges sont « opérationnelles » (ou « variables »), d'autres sont de « structure » (ou « fixes »).

COÛT DE DISTRIBUTION*

Coût comprenant exclusivement les charges directes et indirectes afférentes à l'exercice de la fonction de distribution.

Le coût de distribution comprend tout ce qu'ont coûté les opérations relatives à la conclusion et à l'exécution de la vente. Il est également appelé coût de commercialisation(1).

COÛT FONCTIONNEL*

Coût total des charges concernant :

- soit l'ensemble d'une « fonction » de l'entreprise (approvisionnement, production),
- soit certaines parties de l'entreprise concourant à l'exercice d'une fonction (magasin X, atelier Y, etc.).

COÛT « FRANCS CONSTANTS »*

Coût résultant de l'application au coût nominal d'un indice représentatif de la valeur du franc à compter d'une année de référence.

COÛT HISTORIQUE

Ce coût, partiel ou complet, n'est déterminé qu'après la parution des chiffres comptables réels.

COÛT MARGINAL*

Coût constitué par la différence entre l'ensemble des charges nécessaires à une production donnée et l'ensemble de celles qui sont nécessaires à cette même production majorée ou minorée d'une unité.

---

(1) le deuxième paragraphe n'est pas dans la définition du plan comptable.

COÛT NOMINAL*

Coût exprimé en francs courants.

COÛT PARTIEL*

Coût constitué par des charges intervenant à un stade d'analyse intermédiaire. Les principaux coûts partiels sont :

- le coût variable,
- le coût direct.

COÛT PRÉÉTABLI*

Coût évalué *a priori* soit pour faciliter certains traitements analytiques, soit pour permettre le contrôle de gestion par l'analyse des écarts.

Un coût préétabli avec précision par une analyse à la fois technique et économique est dit « standard » ; il présente, généralement, le caractère d'une « norme »[(1)].

COÛT DE PRODUCTION*

Le coût de production d'un bien s'obtient en additionnant les éléments suivants :

- le coût d'acquisition des matières consommées par la production du bien,
- les autres coûts engagés par l'entreprise au cours des opérations de production et les charges indirectes de production dans la mesure où ces dernières peuvent être raisonnablement rattachées à la production du bien.

Coût constitué par la somme du coût d'achat des matières et fournitures utilisées et des coûts ajoutés par l'entreprise au cours des opérations de production de biens ou de services. Le coût de production représente le coût d'achat majoré de toutes les charges directes ou indirectes de production, jusqu'au stade qui précède immédiatement celui de la commercialisation ou de la mise en stock. Le coût de production est calculé par commande (par affaire) ou par produit : il doit permettre la tenue de l'inventaire comptable permanent[(1)].

COÛT RÉEL

Le coût réel ou coût comptable, *a posteriori*, est obtenu à la suite de l'enregistrement comptable en valeurs réelles des quantités réelles, sous réserve de la part de convention impliquée par la répartition des charges communes et par l'échelonnement dans le temps.

COÛT DE REVIENT*

Coût complet d'un produit au stade final, coût de distribution inclus.

COÛT STANDARD

Coût préétabli déterminé dans des conditions d'exploitation normalisées, c'est-à-dire définies avec précision dans des circonstances normales d'exploitation. On peut également avoir des prix de vente standard.

COÛT VARIABLE*

Coût constitué seulement par les charges qui varient avec le volume d'activité de l'entreprise, sans qu'il y ait nécessairement exacte proportionnalité entre la variation des charges et la variation du volume des produits obtenus.

DÉPENSE

Caractérise les sorties de liquidités. Ce terme n'a pas à être employé en comptabilité analytique et ne doit pas être confondu avec charges et consommations. À cet égard, le terme de « centre de dépenses » devrait plutôt être qualifié de « centre de consommations » en comptabilité analytique et en système budgétaire.

DIFFÉRENCE D'INCORPORATION*

Différence constatée :

- d'une part, entre les charges figurant en comptabilité générale (classe 6) et les charges courantes incorporées aux coûts en comptabilité analytique ;
- part, entre les produits figurant en comptabilité générale (classe 7) et les produits courants retenus en comptabilité analytique.

(1) le deuxième paragraphe n'est pas dans la définition du plan comptable.

ÉCART*
Différence entre une donnée de référence et une donnée constatée. Exemples : écart entre coût prévu et coût réalisé, entre quantité allouée et quantité consommée, etc.

EN-COURS
Production de biens (produits) ou de services (prestations) en cours de réalisation. Les stocks d'en-cours au moment du bilan représentent des biens ou des services non vendables dans l'état où ils se trouvent dans le processus de fabrication ou de réalisation au moment de l'inventaire.

ÉTALON
Un étalon est une unité de mesure commune à plusieurs produits ou plusieurs services. Ainsi, quand on doit additionner des heures de production hétérogènes quant à leur valeur, on dira, par exemple, qu'une heure d'ingénieur est égale à 2,5 heures étalon, une heure d'agent technique à 1,5 heure étalon et une heure d'ouvrier spécialisé à 0,8 heure étalon.

FLUX D'EXPLOITATION*
Ensemble de mouvements, partant d'un ou de plusieurs points, à destination d'un ou de plusieurs points, mesurés pour une période déterminée. En comptabilité analytique, le terme de flux est appliqué aux valeurs correspondant au processus d'exploitation : charges courantes, coûts, produits courants.

Dans le réseau d'analyse :
- « l'amont » est l'origine du processus (exemple : entrée des marchandises à négocier ou des matières à transformer),
- « l'aval » est l'aboutissement du processus (exemple : sortie des marchandises ou des produits).

FONCTIONS*
Subdivisions des activités professionnelles ou non professionnelles selon le rôle qu'elles jouent dans l'entreprise. Exemple : fonctions de production, de distribution, de recherche, d'administration, de financement, d'approvisionnement, de gestion du personnel, de gestion du matériel, etc.

FONDS DE ROULEMENT
Ce terme n'a aucune signification sans autre précision.

FONDS DE ROULEMENT D'EXPLOITATION
Écart entre les capitaux économiques nécessaires à l'exploitation (en particulier, les stocks et les créances sur clients) et les capitaux financiers nécessaires à l'exploitation (en particulier, les dettes aux fournisseurs d'exploitation). Le fonds de roulement d'exploitation est également appelé « besoin en fonds de roulement » (BFR).

FONDS DE ROULEMENT HORS EXPLOITATION
Écart entre les capitaux économiques nécessaires aux opérations hors exploitation (autres débiteurs et créances diverses) et les capitaux financiers nécessaires aux opérations hors exploitation (autres créditeurs et dettes diverses, en particulier dettes aux fournisseurs d'immobilisations).

FONDS DE ROULEMENT NET
Écart entre les capitaux permanents et les immobilisations nettes.

FONDS DE ROULEMENT NET GLOBAL
Écart entre la situation des ressources durables et la situation des emplois stables. On peut définir également le fonds de roulement net global comme étant l'écart entre :
- d'une part, la somme des capitaux propres, des provisions, des dettes financières supérieures à un an, et,
- d'autre part, la somme des immobilisations nettes et des créances à plus d'un an.

FRAIS GÉNÉRAUX
Terme non comptable utilisé couramment pour désigner l'ensemble des charges d'une entreprise commerciale moins les achats de marchandises y compris les frais annexes et accessoires d'achat. Dans les entreprises industrielles, les frais généraux représentent souvent les charges de structure, parfois les frais fixes.

GESTION*

Mise en œuvre des ressources de l'entreprise en vue d'atteindre les objectifs préalablement fixés dans le cadre d'une politique déterminée.

GESTION BUDGÉTAIRE*

Mode de gestion consistant à traduire en programmes d'actions chiffrés, appelés « budgets », les décisions prises par la direction avec la participation des responsables.

GESTION PRÉVISIONNELLE*

Mode de gestion qui repose sur un modèle représentatif des activités futures de l'entreprise. Ce modèle exprime le choix des moyens retenus pour atteindre les objectifs fixés.

IMPUTATION*

Inscription des coûts des centres d'analyse aux coûts de produits en proportion des unités d'œuvre des centres consacrés à ces produits. L'imputation est dite « rationnelle » lorsque la part des charges fixes est calculée par rapport à un niveau d'activité préalablement défini comme « normal ».

IMPUTATION RATIONNELLE

Il s'agit d'une méthode consistant à inclure dans un coût des charges fixes calculées d'après le rapport entre le niveau (ou le volume) réel d'activité et le niveau (ou le volume) d'activité préalablement défini comme normal.

INVENTAIRE

Opération qui consiste à compter en quantités et à valoriser l'ensemble des biens et des dettes de l'entreprise à une date donnée. L'inventaire n'est pas limité à la notion de stocks.

INVENTAIRE COMPTABLE PERMANENT*

Organisation des comptes de stocks qui par l'enregistrement des mouvements permet de connaître de façon constante en cours d'exercice, les existants chiffrés en quantités et en valeurs.

INVENTAIRE TOURNANT

Opération physique de comptage des stocks par produit au cours de l'année. Cet inventaire permet de dégager en permanence les différences d'inventaire et de valoriser au plus juste les stocks sans être obligé d'arrêter la production ou la vente en une seule fois pendant plusieurs jours à la fin de l'exercice.

LIQUIDITÉS*

Espèces ou valeurs assimilables à des espèces et d'une manière générale toutes valeurs qui, en raison de leur nature, sont immédiatement convertibles en espèces pour leur montant nominal (disponibilités).
Sont également compris dans les liquidités les bons qui, dès leur souscription, sont remboursables à tout moment ainsi que les comptes bancaires à terme lorsqu'il est possible d'en disposer par anticipation.
Ce terme ne peut être employé en comptabilité analytique (voir le mot « recette »).

MARCHANDISES*

Tout ce que l'entreprise achète pour revendre en l'état.

MARGE*

Différence entre un prix de vente et un coût. Une marge est, généralement, qualifiée à partir du coût auquel elle correspond. Exemple : marge sur coût d'achat, marge sur coût variable, marge sur coût de production, marge sur coût direct (dite également « marge contributive »), etc.
Une marge est une différence entre un prix de vente et un coût (par exemple : coût d'achat, coût de production, coût variable, etc.). La notion de marge se distingue de celle de résultat qui est la différence entre un chiffre d'affaires et l'ensemble des charges pour le réaliser(1).

MARGE BRUTE

Désigne l'écart entre un prix de vente et un coût de production. Dans une activité de négoce, il s'agit de la différence entre un chiffre d'affaires (HT) et le coût des achats à revendre en l'état.

MARGE NETTE

Différence entre un prix unitaire et le coût de revient complet correspondant (bien ou service).

(1) le deuxième paragraphe n'est pas dans la définition du plan comptable.

MARGE SEMI-BRUTE

Écart entre :

- d'une part, les coûts d'activité et les coûts de structure propres aux activités ayant contribué à l'élaboration des produits, et,
- d'autre part, les ventes des produits.

L'ensemble des marges semi-brutes couvre les coûts de structure communs à l'entreprise et le résultat. Cette marge est parfois qualifiée « d'apport » ou « de contribution ».

MARGE SUR COÛT D'ACTIVITÉ (ou sur coût variable)

Écart entre un prix de vente et l'ensemble des coûts d'activité propres au produit (bien ou service). Cette marge est unitaire ou totale.

MARGE SUR COÛT DIRECT

Écart entre un prix de vente et l'ensemble des coûts directs propres au produit. Cette marge est unitaire ou totale.

MARGE SUR COÛT VARIABLE

Écart entre un prix de vente et l'ensemble des coûts variables propres au produit (bien ou service). Cette marge est unitaire ou totale.

MATIÈRES CONSOMMABLES (et fournitures)*

Objets et substances plus ou moins élaborés, consommés au premier usage ou rapidement et qui concourent au traitement, à la fabrication ou à l'exploitation, sans entrer dans la composition des produits traités ou fabriqués.

MATIÈRES D'EMBALLAGES (et fournitures)*

Objets et substances destinés à la fabrication des emballages ou à leur achèvement.

MATIÈRES PREMIÈRES (et fournitures)*

Objets et substances plus ou moins élaborés destinés à entrer dans la composition des produits traités ou fabriqués.

PLAN COMPTABLE

Ensemble de conseils, de directives, d'instructions et de procédures relatifs à la tenue de la comptabilité des entreprises contenu dans un livre édité par l'Imprimerie Nationale sous la responsabilité du Conseil National de la Comptabilité. Le plan comptable est un document officiel ayant force de loi pour la comptabilité générale.

L'application des méthodes proposées par le plan comptable n'est pas obligatoire en ce qui concerne la comptabilité analytique. Des adaptations restent possibles suivant la typologie et les caractéristiques de chaque entreprise.

POINT CRITIQUE

Voir « seuil de rentabilité ».

POINT D'ÉQUILIBRE

Voir « seuil de rentabilité ».

POINT MORT

Voir « seuil de rentabilité ».

POINT ZÉRO

Voir « seuil de rentabilité ».

PRIX

Un prix est une valeur attribuée (exprimée en unités monétaires) à un bien ou à un service. Théoriquement, le prix est la conséquence de la confrontation de l'offre et de la demande solvable. Dans une entreprise, le mot « prix » s'applique aux transactions avec l'extérieur : « prix d'achat », « prix de vente ». Un « prix » implique une notion de résultat.

PRODUCTION

Ensemble des biens produits ou transformés ou vendus à des tiers ou mis en stock pendant une période.

PRODUCTION IMMOBILISÉE

Valeur des matériels, installations, outillages et études réalisés par l'entreprise pour elle-même pendant une période.

PRODUCTION STOCKÉE

Valeur de la variation des stocks aval au cours d'une période. La production stockée – celle qui n'a pas été transférée à des tiers – est valorisée en coût de production.

PRODUITS (en comptabilité analytique)*

Biens ou services créés par l'entreprise et normalement destinés à être vendus ou cédés au stade final d'élaboration. On distingue les produits aux différents stades d'élaboration suivants : productions en cours, produits intermédiaires, produits finis et produits résiduels.

PRODUITS COURANTS (en comptabilité analytique)*

Produits d'exploitation afférents à la période de calcul. Ils comprennent les produits financiers courants mais ne comprennent pas les produits sur les exercices antérieurs et les produits exceptionnels.

PRODUITS FINIS*

Produits qui ont atteint un stade d'achèvement définitif dans le cycle de production.
Biens ou services ayant terminé le cycle de transformation ou de fabrication, prêts à être livrés à des tiers sans autre opération que l'emballage (parfois) et le transport (éventuellement)[(1)].

PRODUITS INTERMÉDIAIRES (ou semi-finis, ou semi-ouvrés)*

Produits qui ont atteint un stade d'achèvement, mais destinés à entrer dans une nouvelle phase du cycle de production.
Produits ayant terminé le cycle de réalisation parfois livrables tels quels à un tiers en tant que pièces de rechange ou accessoires et, la plupart du temps, destinés à être réintégrés dans un cycle complémentaire de fabrication pour en faire des produits plus élaborés ou des produits finis[(1)].

PRODUITS RÉSIDUELS*

Déchets et rebuts de fabrication.

PRODUITS SEMI-FINIS

Voir « produits intermédiaires ».

PRODUITS SEMI-OUVRÉS

Voir « produits intermédiaires ».

RECETTE

Caractérise une entrée de liquidités dans les caisses de l'entreprise ou dans ses comptes courants, soit dans une banque, soit dans un organisme financier, soit chez un agent de change.
Le terme de recette ne peut, en aucun cas, être utilisé en comptabilité analytique qui ne tient compte que des flux de consommation et non des flux de trésorerie.
Le terme de « recette de section » est à bannir absolument, aucune confusion ne pouvant être tolérée entre flux de consommations et flux de dépenses, flux de productions et flux de recettes, flux de résultats et flux de trésorerie.

RECLASSEMENT DES CHARGES

Terme comptable qui signifie simplement regroupements des charges. Ces regroupements peuvent se faire suivant des critères fort différents les uns des autres en fonction des besoins d'information propres à chaque entreprise ou à chaque centre de profit.

RÉPARTITION*

Travail de classement des charges aboutissant à l'inscription dans les comptes de reclassement et les centres d'analyse, des éléments qui ne peuvent pas être affectés faute de moyens de mesure. Une répartition s'effectue à l'aide d'une « clé de répartition » fondée sur des relevés statistiques ou des raisonnements techniques et économiques appropriés.

RÉSEAU D'ANALYSE COMPTABLE*

Ensemble de comptes d'analyse et leur articulation.

---

(1) le deuxième paragraphe n'est pas dans la définition du plan comptable.

RESSOURCES

Au sens comptable du terme : ensemble des fonds mis à la disposition de l'entreprise au cours d'une période. Les ressources variables sont représentées par les variations des capitaux financiers (passif du bilan), les ressources définitives sont représentées par les ventes à des tiers (compte de résultat).

RÉSULTAT (en comptabilité analytique)*

Différence entre un prix de vente et le coût de revient correspondant.

RÉSULTAT ANALYTIQUE

Écart sur une période entre les consommations exprimées en coût de revient et les ventes exprimées en prix de vente hors taxes. Ce résultat tient compte de la variation des stocks aval pendant la période prise en considération. Le résultat analytique peut être décomposé en plusieurs activités. En comptabilité analytique, un résultat est une marge sur coût complet.

RÉSULTAT NET*

Écart entre :

- d'une part, les charges y compris la variation des stocks amont, les dotations aux amortissements et aux provisions, l'impôt sur les bénéfices, la participation des salariés, et,
- d'autre part, l'ensemble des produits y compris la variation des stocks aval, les subventions d'exploitation, les reprises d'amortissements et de provisions.

SECTION*

Subdivision ouverte à l'intérieur d'un centre de travail lorsque la précision recherchée dans le calcul des coûts de produits conduit à effectuer l'imputation du coût d'un centre de travail au moyen de plusieurs unités d'œuvre (et non d'une seule).

Une section ouverte en dehors des centres de travail avec pour seul objectif de faciliter des opérations de répartition, de cession entre centres d'analyse ou d'imputation est dite « fictive » ou de « calcul ».

Les sections sont couramment appelées « homogènes » du fait de l'homogénéité des charges qui les constituent par rapport au mode d'imputation choisi.

SECTION FICTIVE

Voir « centre de calcul ».

SECTION HOMOGÈNE

Une section est dite « homogène » lorsque sa production peut être valorisée à partir d'une unité d'œuvre mesurable (ou d'un groupe d'unités d'œuvre pouvant être rapporté à une unité commune). C'est le coût unitaire de l'unité d'œuvre multiplié par le nombre d'unités d'œuvre produites qui est imputé aux comptes de produits.

SEUIL DE RENTABILITÉ

Dit encore « point mort », point critique, point zéro ou point d'équilibre.

Le seuil de rentabilité représente le chiffre d'affaires pour lequel l'entreprise ne fait ni profit ni perte. Au-dessous de ce niveau d'activité, l'entreprise (ou le centre) est en perte, au-dessus, elle est dans la zone des bénéfices. Le seuil de rentabilité peut être exprimé en francs de chiffre d'affaires ou en unités produites ou en volume d'activité. La détermination du seuil de rentabilité est un des éléments d'analyse de la gestion d'une entreprise ou d'un centre. Elle est fondée sur la distinction entre les charges d'activité et les charges de structure. Ce n'est, en effet, que lorsque la totalité des charges de structure a été couverte par la marge sur coût d'activité qu'un résultat bénéficiaire peut être dégagé. Le modèle économique du seuil de rentabilité est utilisé en contrôle budgétaire, en particulier, dans la technique du « budget flexible ».

SOLDE

Écart entre le total des débits et le total des crédits enregistrés depuis l'ouverture d'un compte en début de période, la période pouvant être un mois, un trimestre – ou un autre espace de temps – ou un exercice.

SOLDE INTERMÉDIAIRE DE GESTION

Système comptable ayant pour effet d'isoler neuf soldes et huit résultats à des stades différents d'élaboration du compte de résultat, en fonction d'agrégats se rapprochant de ceux de la comptabilité nationale. Ce système lourd, intellectuellement intéressant, a pour but de faciliter les travaux de la comptabilité nationale et de faciliter (en principe) les comparaisons entres les grandes entreprises de la communauté européenne.

STANDARD

Ce mot s'applique à des coûts, des prix, des quantités.
Il s'agit de valeurs établies prévisionnellement dans des conditions de réalisation et de calculs normalisés.

STOCK AMONT

Ensemble des biens (marchandises, matières premières, pièces détachées achetées à l'extérieur, matières consommables, emballages perdus, fournitures diverses) entreposés dans l'entreprise ou chez un fournisseur sous la responsabilité de l'entreprise, avant leur entrée dans le processus de transformation, de production, de vente ou de destruction.

STOCK AVAL

Ensemble des biens et des services ayant subi un début de transformation ou de production tels que les en-cours de production de biens ou de services, les produits intermédiaires ou semi-ouvrés ou semi-finis, ou ayant terminé leur cycle de transformation et de production, tels que les produits finis.

STOCKS ET PRODUCTIONS EN COURS*

Ensemble des biens ou des services, qui interviennent dans le cycle d'exploitation de l'entreprise pour être :
- soit vendus en l'état ou au terme d'un processus de production à venir ou en cours,
- soit consommés au premier usage.

On distingue les stocks proprement dits des productions en cours. Les stocks proprement dits comprennent :
- les approvisionnements : matières premières (et fournitures), matières consommables (et fournitures),
- les produits : produits intermédiaires, produits finis, produits résiduels,
- les marchandises.

Les stocks peuvent être directement inventoriés par rapport à une nomenclature.
Les productions en cours sont des biens (ou des services) en cours de formation au travers d'un processus de production. Ils peuvent être inventoriés par assimilation conventionnelle à d'autres biens de la nomenclature ou par inscription sous une rubrique « non ventilable » de cette nomenclature.
NOTA :
1. les biens pour lesquels une décision d'immobilisation a été prise ne figurent pas dans les stocks. Ils sont comptabilisés dans la classe des immobilisations.
2. Suivant leur degré d'élaboration et leur originalité, les emballages sont classés sous l'une ou l'autre des catégories énumérées ci-dessus.

SYSTÈME COMPTABLE

Système d'organisation de la comptabilité en conformité avec le plan comptable et établi en fonction de la nature et de la taille de l'entreprise d'une part, et en fonction des buts recherchés (comptabilité générale, analytique, budgétaire, d'engagements, etc.) d'autre part.

TABLEAU DE RÉPARTITION

Cadre qui permet de répartir des charges dans des centres suivant des critères fort variés déterminés en fonction du système comptable, de l'organisation et des spécificités propres à l'entreprise.

TEMPS STANDARD

Temps préétabli déterminé pour réaliser un objet ou un service dans des conditions d'exploitation bien définies (suivant des normes).

TRÉSORERIE (ou trésorerie nette)

Écart entre :
- d'une part, les disponibilités, et,
- d'autre part, les concours bancaires (ou autres) à court terme sous forme de découverts ou de prêts personnels à très court terme.

Le terme de trésorerie ne doit pas être employé en comptabilité analytique pas plus que les termes de recettes ou dépenses.

UNITÉ COMPTABLE D'EXPLOITATION*

Unité d'exploitation dont la comptabilité est tenue de façon autonome : ensemble de l'entreprise ou division d'entreprise (établissement par exemple).

UNITÉ D'ŒUVRE*(1)

Unité de mesure d'un centre d'analyse servant, notamment, à imputer le coût du centre aux coûts des produits. Les unités d'œuvre les plus courantes sont (par exemple) des heures, des heures / machine, des mètres, des tonnes / kilomètre, des pièces étalon, etc.
Les unités d'œuvre peuvent également représenter des lignes de traitement d'information, des visites aux clients, des heures de conseil ou de formation, etc.
Les unités d'œuvre permettent de mesurer et de contrôler l'activité d'une entreprise ou d'une subdivision de celle-ci (centre).

UNITÉ FONCTIONNELLE*

Division de l'unité comptable groupant l'ensemble des centres d'analyse de charges afférentes à une fonction économique (production, distribution, gestion du personnel, etc.).

UNITÉ D'INVENTAIRE*

Plus petite partie inventoriée sous chaque article de la nomenclature de l'entreprise.

VALEUR AJOUTÉE

Écart entre la valeur de la production d'une entreprise au cours d'une période et la valeur des biens et services intermédiaires consommés par la même entreprise au cours de la même période.

VALEUR AJOUTÉE PRODUITE BRUTE*

Elle exprime la création de valeur ou l'accroissement de valeur que l'entreprise apporte aux biens et services en provenance de tiers dans l'exercice de ses activités professionnelles courantes. Elle est mesurée par la différence entre la production de la période et la consommation de biens et services fournis par des tiers pour cette production.

VENTE (prix)

Une vente représente la valeur exprimée en unités monétaires d'une transaction entre l'entreprise et un tiers impliquant un transfert de propriété de l'entreprise à un client (ou la reconnaissance d'un service rendu) et un paiement d'une valeur équivalente et convenue, du client à l'entreprise. Elle peut être exprimée hors taxes (exploitation) ou taxes comprises (créances sur clients).

VENTILATION*

Mise en œuvre des opérations d'affectation, de répartition et d'imputation permettant de traduire les charges en coûts.

NOTE PRÉLIMINAIRE

- Dans ce livre, les définitions ne sont pas reprises. Il est particulièrement important pour le lecteur de se reporter fréquemment à la liste des définitions indiquée au début du livre.
- Les termes se rapportant aux ventes, aux achats et au chiffre d'affaires sont toujours exprimés hors TVA.
- Le terme d'entreprise largement utilisé dans ce livre doit être pris au sens général et s'applique souvent à une entité économique, que ce soit une unité décentralisée, une filiale, une association, un service public.
- L'exploitation optimale de ce livre nécessite d'avoir quelques connaissances de base en comptabilité générale.

---

(1) la définition du plan comptable correspond à la première ligne.

Il arrive que, dans une même entreprise, les termes employés n'aient pas le même sens selon les unités et les niveaux de responsabilité, ce qui nuit au dialogue et peut être un facteur de difficultés économiques et sociales.

BIEN DIFFÉRENCIER LES TERMES SUIVANTS

CHARGES

Les charges comprennent les achats et les frais qui se rapportent à l'exploitation et à l'exercice en cours ainsi que les dotations aux comptes d'amortissements et de provisions.
Il ne faut pas confondre « charges » et « dépenses », ces dernières représentant une sortie de trésorerie, ce qui n'a aucun rapport avec la comptabilité analytique.

COÛTS

Les coûts représentent l'accumulation de charges sur une fonction, une opération ou un objet pour leur donner une valeur.
Ils sont qualifiés suivant le type de regroupement qu'ils représentent.

COÛT DE REVIENT

Le coût de revient d'un objet, d'une prestation de services, d'un groupe d'objets ou de prestations de services, est tout ce qu'à coûté cette prestation, ce groupe d'objets, dans l'état où il se trouve au stade final (coût de distribution inclus).
Un coût peut être partiel ou complet, mais le coût de revient sans autre précision est toujours complet.

CHARGES FIXES... CHARGES DE STRUCTURE... COÛTS FIXES... COÛTS DE STRUCTURE

« Fixe » ou « de structure » ont la même signification sur courte période et pour une zone d'activité limitée. En fait, les charges de structure ne sont que rarement fixes.

CHARGES VARIABLES... CHARGES D'ACTIVITÉ... COÛTS VARIABLES... COÛTS D'ACTIVITÉ

« Variable » ou « d'activité » ont à peu près le même sens. En tout cas, il ne faut pratiquement jamais dire « frais proportionnels ».

CHARGES DIRECTES... CHARGES INDIRECTES... COÛTS DIRECTS... COÛTS INDIRECTS

« Direct » et « indirect » ne doivent pas être confondus avec « fixe » et « variable ». Certains coûts directs sont fixes (quelquefois le chef d'équipe dans un atelier) et certains coûts indirects sont variables (quelquefois le téléphone ou l'électricité).
Il faut toujours préciser « direct » ou « indirect » par rapport à quoi (activité, produit, chantier, production, etc.).

1

les principes généraux de la comptabilité analytique

1 SYSTÈME D'INFORMATION DES RESPONSABLES

La comptabilité analytique est un système d'information permettant à chaque responsable d'une entreprise, grande ou petite, de connaître la valeur des flux et des faits, et de pouvoir analyser les conséquences de ses décisions ou de ses engagements dans le cadre d'un contrat budgétaire.Ce système est fondé sur la **rapidité d'information plus que sur sa précision**. La comptabilité analytique apporte des informations économiques sur le passé récent et sur le présent. Elle est intégrée au système de gestion globale et elle est **très liée au contrôle budgétaire**.

La comptabilité analytique doit répondre aux besoins de ceux qui ont des décisions à prendre quel que soit leur niveau de responsabilité.

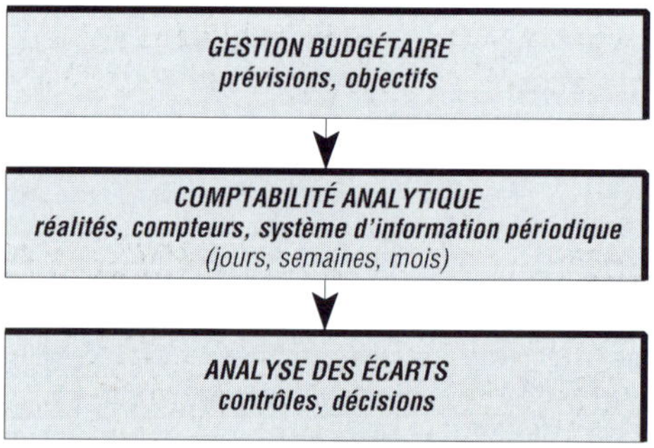

La comptabilité analytique est un **jeu de construction** dont les règles doivent être souples et simples, qui est propre à chacune des entreprises en fonction de son activité ou de sa complexité. C'est un jeu de construction qui doit **coller à l'organisation** et dont les règles doivent être **assimilables par tous** les responsables. Une comptabilité analytique doit vivre et ne saurait être figée pour l'éternité surtout dans les entreprises à évolution technologique rapide.

Une comptabilité analytique qui ne répondrait pas à ces quelques critères serait vouée à l'indifférence et probablement à l'inutilité. Une comptabilité analytique est faite **avec et pour les responsables**. À cet égard, elle nécessite une volonté de **participation des responsables** et une **formation économique** minimale de tout le personnel.

Dans certaines entreprises, plusieurs systèmes de comptabilité analytique doivent être adoptés et rester cohérents entre eux ; c'est une difficulté. C'est le cas, en particulier, des entreprises qui produisent à la fois des objets ou des services répétitifs et d'autres objets ou des services à l'unité sur devis(1). C'est également le cas des entreprises qui produisent en continu des objets de faible valeur et des objets de même nature en petites séries et de grande valeur(2).

(1) entreprises de matériels électroniques et informatiques (par exemple).

(2) certaines entreprises métallurgiques, aciers spéciaux, véhicules, entreprises de services assurant des transports réguliers et des transports exceptionnels, etc.

Le niveau d'information donné aux responsables peut être la conséquence d'un **choix politique**.

En simplifiant, ce choix peut se résumer entre deux extrêmes :

- celui d'avoir en permanence un **ensemble complet d'informations** relatives à une activité ou à un coût de production mais, dans ce cas, une partie du contrôle des frais échappe au responsable ; on peut alors parler de centre ou de production à **responsabilité limitée**,
- et celui de **donner un pouvoir de gestion** au responsable mais, alors, les informations relatives à une activité sont **incomplètes** ; dans ce cas, on n'affecte au centre que les frais sur lesquels le responsable peut agir effectivement ou on n'impute aux coûts de production que les frais sur lesquels il peut agir.

Il y a un choix à faire quant au système de comptabilité analytique, choix qui est d'une importance capitale sur le comportement des responsables. Ce choix a des conséquences sur les programmes informatiques, sur les états de sorties et sur la configuration des écrans de micro-ordinateurs.

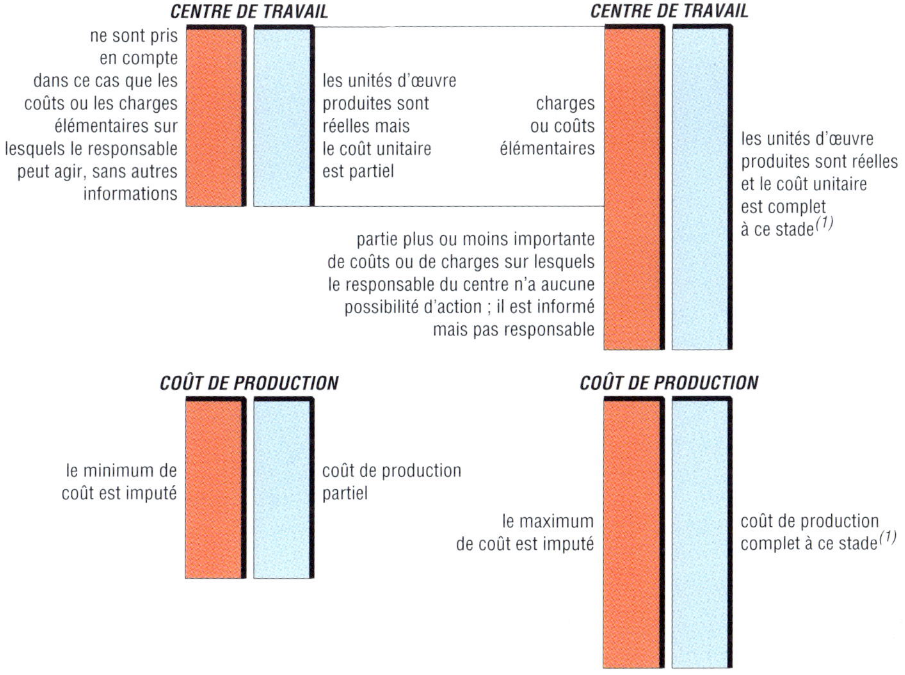

(1) *en théorie, un coût complet est un terme qui ne s'applique qu'au coût de revient des ventes qui n'est pas le coût de production.*
Le mot « complet » ne s'applique qu'au stade du coût unitaire d'œuvre ou au stade des coûts de production.
Le coût de production ne comporte ni les coûts de structure globale ni les coûts de distribution.

2 LISTE DES COMPTES ANALYTIQUES

L'énumération des différents comptes de comptabilité analytique **recommandés** par le plan comptable est quelque peu fastidieuse. Encore faut-il connaître les termes désignant les différentes catégories de comptes analytiques et savoir leur signification.

90 Les comptes de la **série 90** représentent les **comptes réfléchis**, c'est-à-dire des comptes qui permettent le passage de la comptabilité générale à la comptabilité analytique. Ces comptes permettent également de contrôler en permanence le fait que l'on a bien pris en comptabilité analytique tous les éléments de la comptabilité générale.

91 Les comptes de la **série 91** sont utilisés pour **reclasser** au préalable dans un ordre différent de celui de la comptabilité générale des charges et des produits afin de préparer leur affectation et leur analyse dans le cadre de la comptabilité générale.

92 Les comptes de la **série 92** ont pour but de découper l'entreprise en **centres d'analyse**, que l'on appelle encore des sections. Ce sont des comptes d'activité.

93 Les comptes de la **série 93** regroupent les coûts par produits destinés à être stockés. Ce sont des comptes de **coûts de production**.

94 Les comptes de la **série 94** sont utilisés pour les **stocks**, appelés encore comptes d'**inventaire permanent** : 940, 941, 942 pour les stocks amont ; 943, 944, 945 pour les stocks aval.

95 Les comptes de la **série 95** regroupent les coûts des **produits vendus**. En plus des coûts de production valorisés dans les comptes de la **série 94**, ils comportent les coûts de distribution (ou de commercialisation).

96 Les comptes de la **série 96** enregistrent les **écarts sur coûts préétablis**. Par exemple, ce compte enregistre les écarts entre le prix standard du kilo de cuivre utilisé par les sections et le prix réel moyen du kilo de cuivre pour la période considérée.

97 Les comptes de la **série 97** enregistrent les **différences de traitement comptable** (en particulier, les **écarts d'incorporation**). Ils prennent en compte les charges et les produits non incorporables ainsi que les charges et les produits **supplétifs**.

98 Les comptes de la **série 98** sont les comptes de **résultat analytique**. Leurs soldes doivent, théoriquement, recouper le résultat indiqué par la comptabilité générale aux écarts d'incorporation près.

99 Enfin, les comptes de la **série 99** sont réservés à des **comptes de liaisons internes**, c'est-à-dire qu'ils enregistrent les échanges entre les départements, les groupes ou les différentes unités des entreprises complexes.

Cette numérotation est recommandée par le plan comptable, mais elle n'est **pas obligatoire**. Comme pour la comptabilité générale, chaque compte peut se subdiviser en sous-comptes : comptes 921, 922, 923 ou 9221, 9222, 9223, 9224, etc.

3 LES BUTS

Les buts de la comptabilité analytique sont résumés sur le tableau ci-dessous. Le but principal est de **prendre les décisions les plus rationnelles et rapides possible** pour respecter les objectifs à court terme. C'est, aussi, en final, un moyen d'**optimiser le profit**, condition impérative de développement des entreprises.

Il y a plusieurs niveaux de décisions que ce soit dans le cadre d'une multinationale, d'une PME ou d'un organisme socio-économique. Le tableau ci-dessous est limité à trois niveaux de responsabilité.

responsables de centres (sections)	*responsables d'activités et de produits*	*directions d'entreprises ou de grandes unités décentralisées*
• **optimiser les coûts** ➥ matières(1) ➥ énergie ➥ fluides ➥ main-d'œuvre ➥ consommables • **rationaliser**(2) • **lutter contre le gaspillage**(3)	• **réduire les coûts de production**(4) (en préservant la qualité et les normes de sécurité) • **développer la productivité**(5) • **choisir des méthodes efficientes**	• **atteindre des objectifs** • **optimiser la rentabilité globale**(6)

(1) et non pas systématiquement « minimiser ». Les exigences de qualité ne sont pas souvent compatibles avec de simples réductions de coûts.

(2) en particulier, en adaptant la qualification de la main-d'œuvre aux tâches ; par exemple, en ne demandant pas à un technicien d'un niveau élevé de compétences de faire de la bureaucratie.

(3) c'est-à-dire éradiquer toute consommation inutile.

(4) par exemple, en sous-traitant une partie des opérations ou en acceptant de prendre des travaux extérieurs pour assurer une pleine charge de travail.

(5) souvent en investissant.

(6) optimiser et non maximiser sauf cas exceptionnel de risques économiques à court terme.

la comptabilité analytique permet de connaître, d'évaluer, d'expliquer...

● **connaître les coûts** ➥ du fonctionnement des activités de l'entreprise ➥ des produits	⊃ **pour avoir des bases de décisions rationnelles**
● **évaluer certains éléments du bilan** ➥ stocks *(en-cours, produits intermédiaires et finis)* ➥ certaines immobilisations	⊃ **pour valoriser certains postes du bilan**
● **expliquer les résultats** ➥ par fonction ➥ par produit ➥ par secteur d'activité	⊃ **pour faire des choix** *(savoir pourquoi on perd et, surtout, pourquoi on gagne)*
● **calculer des écarts** ➥ matières ➥ main-d'œuvre ➥ structure ➥ rendement ➥ activité	⊃ **pour engager à temps des actions correctives en vue d'atteindre les objectifs** *(gestion budgétaire)*

... et d'agir

- **orienter** la production, lorsque les facteurs de production sont limités ;
- **fixer** un prix plancher de négociation ;
- **créer, remplacer, développer, supprimer** une activité, un produit ;
- **sélectionner** les clients, les fournisseurs, les produits ;
- **investir, embaucher** ou **sous-traiter** ;
- **remplacer, aménager, changer** des matériels, des implantations ;
- **modifier** l'organisation, les structures, l'organigramme ;
- **promouvoir** les responsables(1) ;
- **établir** des références utilisables pour prévoir ;
- **avoir** des références pour les budgets ultérieurs(2) ;
- **détecter** les goulots d'étranglement.

(1) *promouvoir et non « punir ». La comptabilité analytique est un facteur de dynamisme. Par contre, la comptabilité analytique peut conduire un contrôleur de gestion – ou un directeur – à conseiller un responsable... il est évident que si les performances du responsable restent lamentables... des décisions s'imposeront (même s'il n'y avait pas eu de comptabilité analytique).*

(2) *s'appuyer sur le passé pour prévoir ne suffit pas à faire des budgets. Le passé n'est qu'une référence.*

L'un des buts de la comptabilité analytique est de calculer des coûts élémentaires pour élaborer des coûts de revient et, de là, des prix de vente[1]. C'est la démarche classique, ancienne, correspondant à une économie de production.

Une autre démarche, actuelle, correspond à une économique de marché, de concurrence.

- **démarche classique** valable en situation de monopole[2] ou de position dominante

- la **démarche actuelle** part du prix du marché ou du devis établi en concurrence(3) pour les affaires complexes ou à l'unité

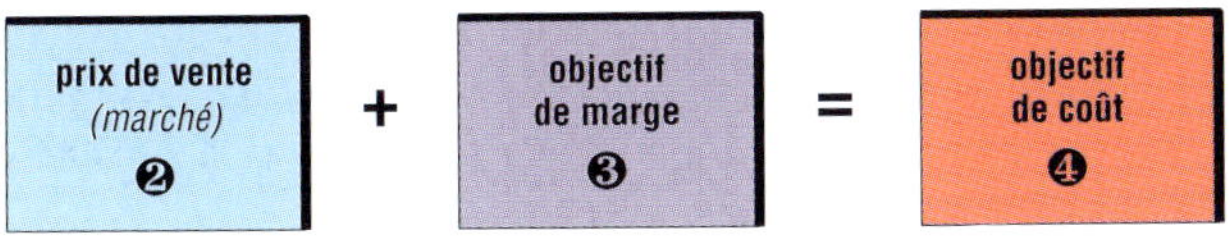

❶ La comptabilité analytique permet de constater.

❷ Le prix est imposé par le marché sinon... on ne vend pas et les concurrents se réjouissent.

❸ La marge (coût des structures générales plus le bénéfice après impôt) est un objectif.

❹ La comptabilité analytique a pour but de rester à l'intérieur des coûts déterminés en fonction de l'objectif de marge. Ce n'est pas un constat passif mais une dynamique d'action sinon même un défi.

---

(1) il ne faut pas confondre un coût, somme de frais pour réaliser une activité ou un produit – notion interne – avec un prix qui est la valorisation d'un échange de biens ou de services avec l'extérieur. On dit : coût de revient, prix d'achat, prix de vente.

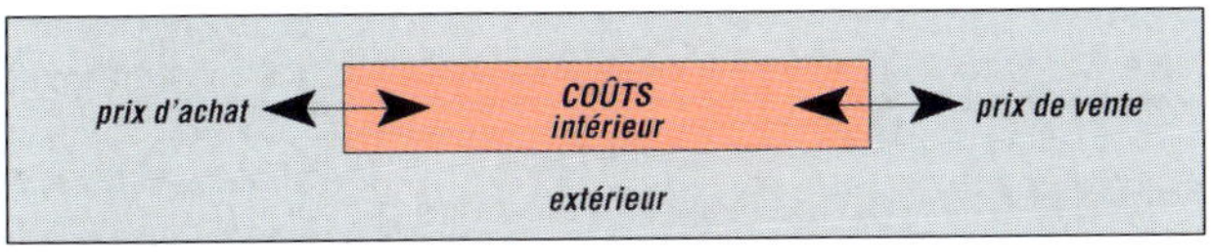

(2) il y a de moins en moins de structures de monopole surtout à l'époque de la mondialisation. Même l'unique boulanger du village est en concurrence avec l'hypermarché qui n'est jamais bien loin.

(3) ou sur appel d'offres.

4 LA COMPTABILITÉ GÉNÉRALE ET LA COMPTABILITÉ ANALYTIQUE

La comptabilité analytique est indépendante de la comptabilité générale et un certain nombre de différences sont à relever.

En comptabilité générale, le **classement des documents** et des informations se fait **par nature** : les salaires, le téléphone, les achats, les immobilisations, etc. alors que la comptabilité analytique classe les documents et les informations **par destination** : il s'agit des salaires de la section production, des fournitures consommées par la section commerciale, de l'amortissement des appareils de mesure de la section des essais techniques, etc.

Les **documents de base** utilisés par la comptabilité générale sont des **documents externes** : les factures des clients, les factures des fournisseurs, les feuilles de paie. Les documents de base utilisés par la comptabilité analytique ont souvent un caractère **interne** tels que les bons de sortie matières, les fiches de contrôle, les bons de travail, les ordres d'usinage, les bons de réception, etc.

La comptabilité générale donne une vue **globale et synthétique** des comptes de l'entreprise, alors que la comptabilité analytique donne une vue **détaillée** de chacune des activités, d'où son terme **analytique**.

Les objectifs de la comptabilité générale sont essentiellement **financiers**, tandis que les objectifs de la comptabilité analytique sont essentiellement **économiques**.

La comptabilité générale est un outil de gestion au niveau des directions, la comptabilité analytique est un outil de gestion au niveau de tous les **responsables**. Cependant, la comptabilité générale peut constituer une **source excellente et importante d'informations** objectives pour les cadres et les partenaires sociaux et la comptabilité analytique peut être utilisée au niveau des directions générales pour la prise de décisions importantes.

La comptabilité générale tend principalement à **analyser les flux** existant entre l'entreprise et l'extérieur. La comptabilité analytique s'intéresse à la **répartition** des flux d'entrées dans l'entreprise, aux **origines** des flux sortants et aux **mouvements internes** de l'entreprise.

Sur le plan de l'information, la comptabilité générale et la comptabilité analytique utilisent les mêmes données d'entrée, mais la comptabilité analytique doit disposer d'une batterie d'informations spécifiques telles que des bons matières, des bons de travail, des fiches de contrôle, etc. pour connaître et quantifier ces flux et mouvements internes.

comptabilité générale	***comptabilité analytique***
• légale, obligatoire, réglementée	• recommandée, libre, conseillée
• classement par nature	• classement par destination
• documents de base externes	• documents de base internes
• vue globale synthétique	• vue détaillée analytique
• objectifs financiers	• objectifs économiques
• utilisation par les directions	• utilisation par les responsables

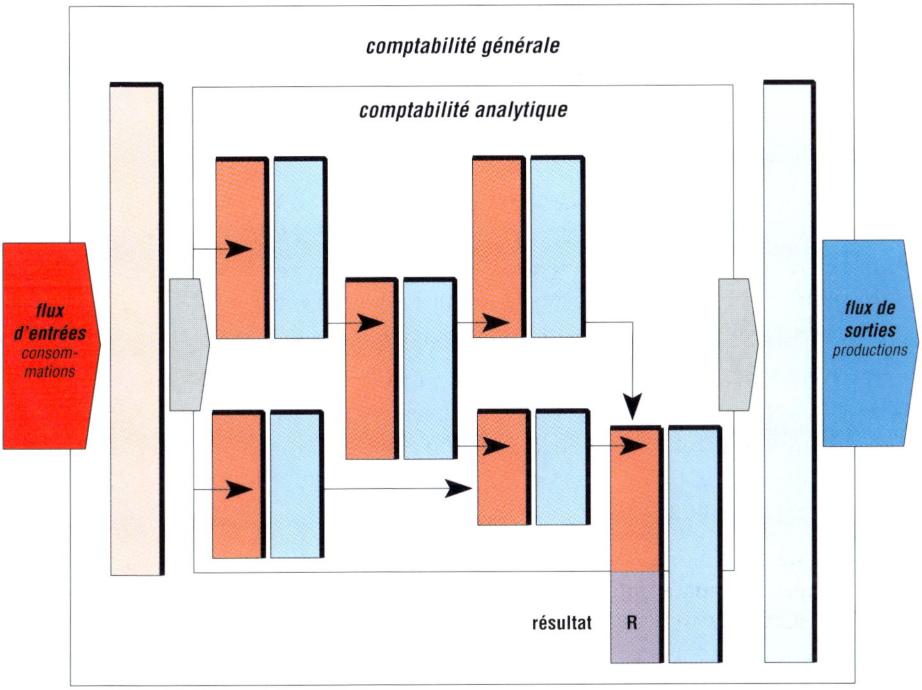

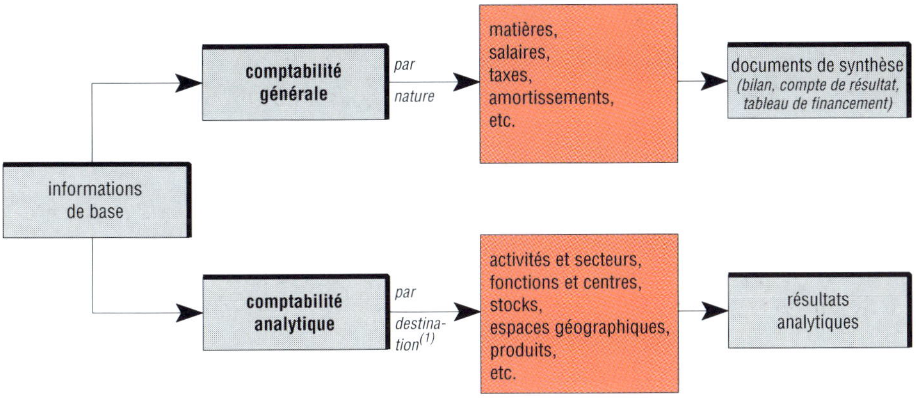

(1) *cheminement plus ou moins long et complexe entre les charges et les produits ; affectations, répartitions, imputations, cessions internes, etc. au moyen de procédures et de critères internes.*

10 PHRASES...
4 ERREURS !

❶ Un responsable de centre doit connaître les informations concernant l'activité de son centre au moins une fois par mois.

❷ La comptabilité analytique enregistre et valorise les flux internes.

❸ Les résultats des centres ou secteurs ont une incidence directe sur les sorties de trésorerie.

❹ L'un des buts de la comptabilité analytique est de valoriser les stocks en fin de période au bilan.

❺ Un coût peut être un objectif à ne pas dépasser.

❻ Prix d'achat et coût d'achat ont la même signification.

❼ La comptabilité analytique est préconisée par le plan comptable qui en définit les règles sans que ce soit une obligation légale.

❽ La comptabilité analytique n'a rien à voir avec la gestion budgétaire.

❾ Les comptes de la série 94 sont les comptes d'inventaires permanents.

❿ La comptabilité analytique en cours d'exercice doit (comme tout système comptable) être précise au centime près.

commentaires page **144.**

2

l'organisation

1 La mise en place des compteurs

2 L'adaptabilité

3 Le réseau d'analyse

4 Les centres

5 Le rôle de l'informatique

6 L'apport des statistiques

7 Les liaisons avec la gestion budgétaire

1 LA MISE EN PLACE DES COMPTEURS

La comptabilité analytique est un système de flux internes qu'il faut mesurer en permanence.

Comme en plomberie, il faut mettre le plus de compteurs possible pour que les mesures de consommation soient le plus juste possible en fonction des besoins.

La vitesse d'informations et de comptages prime la notion de précision absolue.

1.1 Le choix d'un système

À l'inverse de la comptabilité générale, la comptabilité analytique peut être organisée suivant des critères, des méthodes et des procédures propres à chaque entreprise. Il existe des plans comptables par secteur professionnel.

L'organisation porte :
- sur le **réseau de centres** (ou sections) quant à leur rôle en regard des responsabilités,
- sur le **processus d'élaboration des coûts** : système de valorisation et nombre de comptes,
- sur le **cheminement** des coûts pour aboutir au coût de revient.

le choix d'un système de comptabilité analytique dépend...

de la taille de l'entreprise	grande, moyenne, petite, nationale, multinationale ; structure groupée, dispersée(1).
du secteur d'activité	agriculture, industrie, services.
de son statut juridique	privé, public, mixte, association, coopérative.
des catégories de clients	privé, État, collectivités *(contrôles souvent exigés et contractuels)* ; groupés, dispersés, nationaux, internationaux ; entreprises, particuliers.
de la nature du travail	mono ou multiproduits et services(2) ; continu, à l'unité sur devis ; à l'intérieur *(usines, bureaux)*, à l'extérieur *(chantiers)* ; à distance, en système intégré(3).
de la politique de gestion	gestion centralisée, décentralisée, intégrée ; société mère, filiale, coopérative ou autre forme de société ; gestion budgétaire existante ou non, pouvoir faible ou fort ; responsabilité dispersée, centralisée ou décentralisée.
de la concurrence	système plus ou moins complexe pour rechercher en permanence et rigoureusement les coûts optimums.
des compétences	compétences techniques, de gestion(4).

(1) *maîtriser le nombre et la complexité des réseaux des centres et le nombre de comptes ouverts.*
(2) *petites ou grandes séries ; objets lourds ou légers ; produits périssables ou stables, etc.*
(3) *par exemple : système d'approche aéronautique, télésurveillance, réseau de communication ou de transport.*
(4) *il est inutile d'avoir des systèmes sophistiqués que personne ne sait utiliser ou dont le coût est exorbitant par rapport à l'efficacité.*

Le tableau ci-dessous est une liste – parmi tant d'autres – de questions que doivent se poser les gestionnaires soit avant la mise en place d'une comptabilité analytique, soit au moment de la révision du système qui doit évoluer en fonction de nombreux critères (produits nouveaux, structures modifiées, environnements bouleversés, nouvelles techniques, rareté ou abondance de capitaux, etc.).

Ce tableau est utilisable aussi bien dans une petite que dans une grande entreprise.

❶	**la comptabilité analytique portera-t-elle...**	• sur l'exploitation seulement ? • sur l'exploitation et le bilan ?
❷	**la comptabilité analytique sera-t-elle...**	• incorporée à un système de contrôle de gestion ? • accompagnée d'un système budgétaire ? • exploitée seulement pour connaître les coûts, les résultats ?
❸	**la comptabilité analytique sera-t-elle...**	• autonome, tenue par un service spécialisé ? • intégrée, tenue par le service comptable ?
❹	**les informations seront-elles traitées, les résultats et les écarts seront-ils indiqués...**	• par produit et/ou • par responsable et/ou • par d'autres critères ? (1)
❺	**les coûts seront-ils ou non communiqués aux responsables en...**	• coûts complets ? • coûts partiels ? • coûts directs ? • coûts standard ?
❻	**la comptabilité analytique sera-t-elle organisée...**	• par centre de responsabilité ? • par centre de coûts ? • par centre de profit ? • par centre de rentabilité ? • par groupement de plusieurs centres de travail ?
❼	**les sections seront-elles ou non homogènes...**	• avec une unité d'œuvre unique ? • avec plusieurs unités d'œuvre ?
❽	**y aura-t-il un système de cessions internes...**	• avec des procédures rigides ? • avec des négociations relativement libres ?

(1) et elle ne sera pas seulement organisée pour détecter les erreurs des responsables : la comptabilité analytique ne sert pas à distribuer des bons et des mauvais points ni des croix d'honneur.

1.2 La saisie des données

Les charges et les produits de la comptabilité générale ne sont pas absolument identiques car les finalités ne sont pas les mêmes. Deux concepts sont à prendre en considération :

- les charges et les **produits supplétifs**,
- les charges et les **produits incorporables** (ou non).

Ces concepts ont pour effet de valoriser les coûts de revient en fonction d'une réalité économique.

▶ *exemple très théorique*

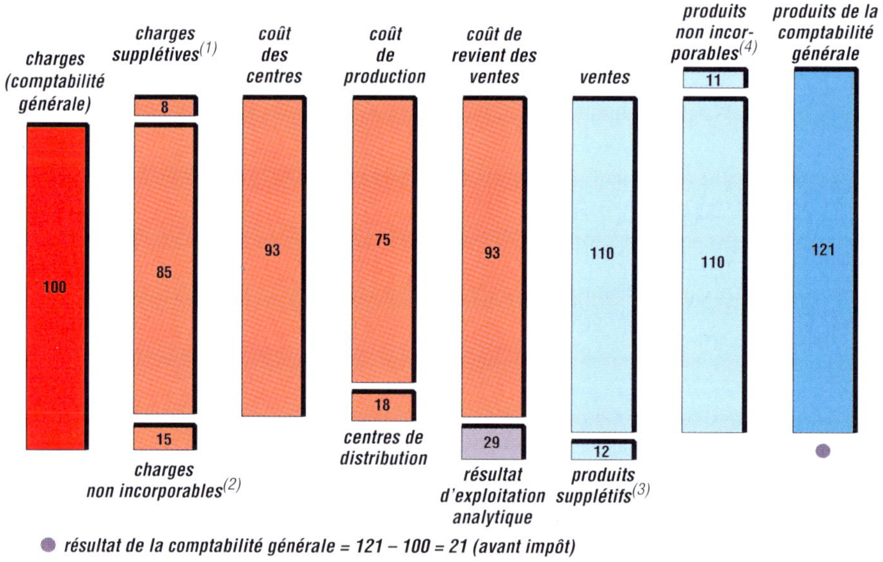

(1) *exemples de charges supplétives :*
- *rémunération de capitaux propres,*
- *rémunération des dirigeants d'une entreprise personnelle (non salariés).*

(2) *exemples de charges non incorporables :*
- *charges exceptionnelles,*
- *charges se rapportant à un exercice antérieur,*
- *taxe sur la valeur ajoutée,*
- *personnel détaché.*

(3) *exemples de produit supplétif :*
- *production d'études ou de recherches non valorisée en comptabilité générale.*

(4) *exemples de produits non incorporables :*
- *restitution d'impôt sur le bénéfice,*
- *plus ou moins-values de cessions,*
- *reprises de certaines provisions,*
- *certaines remises obtenues tardivement,*
- *produits sur exercices antérieurs.*

2 L'ADAPTABILITÉ

La comptabilité analytique est un **système d'informations pour les responsables de tous les niveaux**. Les informations doivent parvenir rapidement et ne portent – au moins pour l'essentiel et dans une première étape – que ce sur quoi le responsable peut et doit agir.

Les responsabilités varient en fonction :

- de l'étendue du pouvoir délégué,
- des niveaux d'objectifs,
- du métier et de la fonction exercée,
- de la nature des tâches à réaliser.

Une entreprise est une organisation qui ne peut se passer d'organigramme plus ou moins formel, plus ou moins compliqué (de méchantes langues disent tordu et ambigu) et dont la stabilité devient de plus en plus aléatoire étant donné la vitesse d'évolution des marchés et des techniques.

Il est de plus en plus fréquent de voir des services et des équipes se créer, se dissoudre, se reconstituer autrement et autre part. On en arrive à des durées de vie de plus en plus courtes des structures sous leurs formes ancestrales.

Pour remplir son rôle, la comptabilité analytique, tout comme la gestion budgétaire, doit **s'adapter en permanence aux besoins de gestion évolutifs**.

Créer de nouveaux centres de travail et en supprimer, créer de nouveaux comptes de coûts de production, réaménager le réseau des comptes de coûts de revient, aménager de nouveaux comptes de résultats analytiques en fonction des créations et des suppressions des centres de responsabilité constituent des opérations renouvelées parfois plusieurs fois par an.

L'époque de la stabilité des standards et de l'organisation analytique des systèmes de coûts et de cessions internes figés pour plusieurs exercices est révolue.

Heureusement, le **plan comptable laisse une liberté quasi totale d'organisation** de la comptabilité analytique contrairement aux règles de la comptabilité générale et l'informatique permet des adaptations fréquentes aux besoins toujours renouvelés et changeants des responsables.

Par contre, ce sont souvent les responsables qui ont des difficultés à suivre. En effet, les mutations, les promotions, la formation plus ou moins réussie, les évolutions de carrières bouleversent le confort des systèmes auxquels chacun s'était habitué.

On ne gère plus un centre de frais comme un centre de dépenses, on ne contrôle pas une centaine de comptes de coûts de production d'une industrie complexe comme un compte d'exploitation analytique d'une agence et il faut une bonne capacité d'adaptation pour passer d'une comptabilité en coûts réels à une comptabilité en coûts standard.

3 LE RÉSEAU D'ANALYSE

Le schéma ci-dessous est une vue d'ensemble du système de la comptabilité analytique qui constitue un réseau permettant des points d'analyse d'écarts. Il s'agit d'une présentation comptable d'ensemble. C'est, en fait, le cheminement des charges vers les ventes.

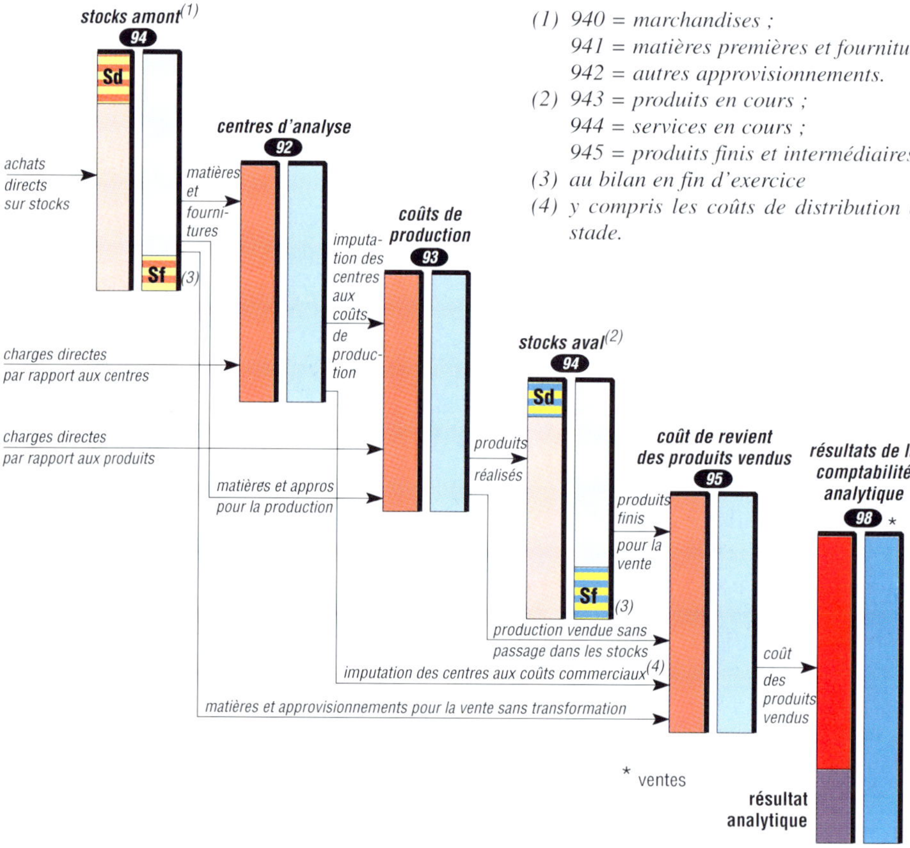

(1) 940 = marchandises ;
941 = matières premières et fournitures ;
942 = autres approvisionnements.
(2) 943 = produits en cours ;
944 = services en cours ;
945 = produits finis et intermédiaires
(3) au bilan en fin d'exercice
(4) y compris les coûts de distribution à ce stade.

• analyse...

... des approvisionnements	... des coûts par responsable	... des en-cours ou des commandes	... des produits finis	... par commande ou par produit	... globale

• écarts...

... par prix d'achat	... sur activité, sur rendement, sur budget	... sur coût total	... sur inventaire	... sur devis ... sur standards	... sur budgets

4 LES CENTRES

Un centre est un regroupement de charges, de coûts et, parfois, de produits en vue d'en faire une analyse. La plupart des centres sont gérés par un responsable.

Les centres sont des unités de gestion, d'activités.

On peut les classer en deux types en fonction :

- de la terminologie comptable (typologie comptable),
- de la terminologie opérationnelle (typologie opérationnelle).

Il ne faut pas confondre un centre (activité) et les centres de regroupement de coûts par objets, commandes, services, etc.

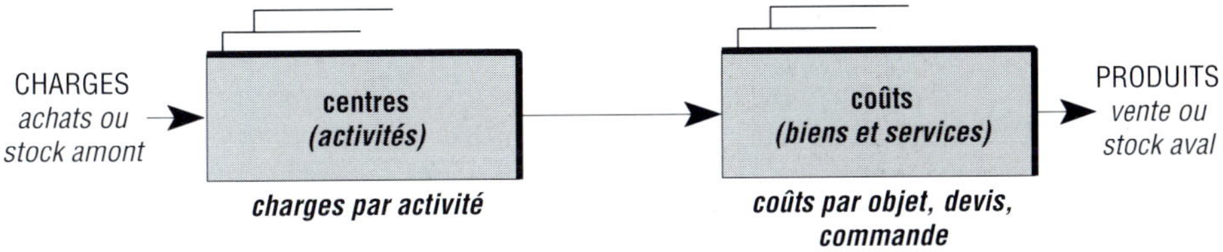

Un centre peut être désigné par plusieurs qualificatifs suivant la typologie – ou le cadre – dans laquelle on se situe :

- un centre de rentabilité peut être un centre de profit ou en regrouper plusieurs ;
- un centre principal est, à la fois, un centre d'analyse, un centre de responsabilité, un centre de coûts, un centre opérationnel et un centre de travail ;
- un centre de structure est, à la fois, un centre de dépenses, un centre fonctionnel et un centre de responsabilité ;
- etc.

Le tableau suivant situe les différents centres les uns par rapport aux autres. Il n'est pas surprenant que dans les entreprises, on utilise peu cette terminologie (indispensable à connaître) mais que l'on dispose les centres par leur identité fonctionnelle laissant au contrôleur de gestion le soin de naviguer dans son jargon, l'essentiel étant que chacun comprenne les mécanismes et puisse faire face à ses responsabilités de gestion.

❶ typologie comptable

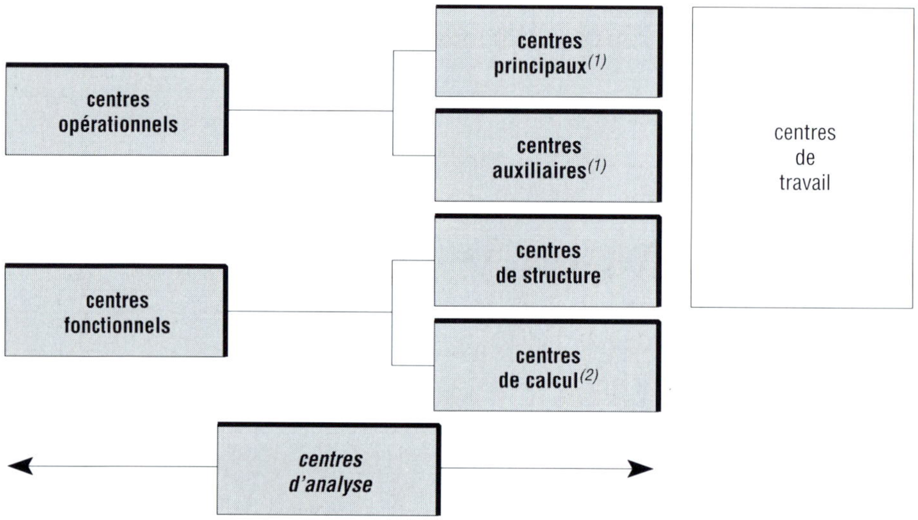

❷ typologie organisationnelle

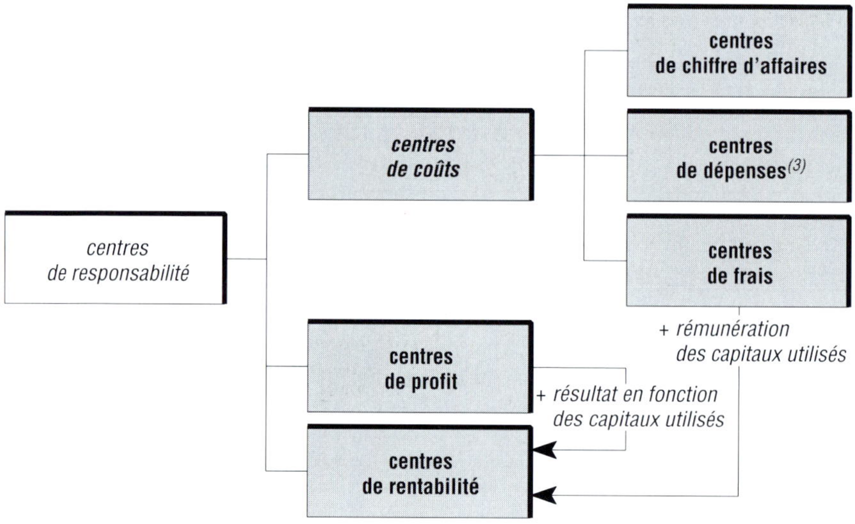

(1) le mot « centre » est celui du plan comptable. Dans la pratique, les entreprises emploient très souvent le mot « section » qui ne devrait s'appliquer que comme subdivision d'un centre de travail.

(2) ou sections fictives.

(3) terme généralement admis mais particulièrement inadapté à la comptabilité analytique qui ne prend pas en compte des dépenses en tant que sorties de trésorerie mais des coûts. À la limite, il serait préférable d'appeler ces centres, « centres de consommations ».

types de centres	caractéristiques	objectifs	performances (gestion budgétaire)
	centres (typologie organisationnelle)		
centre de chiffre d'affaires(1)	• vente	assurer les objectifs de ventes	écart entre le chiffre d'affaires prévu et réalisé
centre de dépenses(2)	• pas de mesures possibles de l'activité	respecter les budgets alloués (éventuellement négociés)	écarts sur crédits alloués
centre de frais(3)	• activité mesurable	maintenir les coûts prévus ou les minimiser	écarts sur coûts
centre de profit(4)	• exploitation autonome	optimiser le profit	rentabilité d'exploitation
centre de rentabilité(5)	• exploitation et bilan autonomes	optimiser la rotation des actifs	rentabilité des capitaux investis
	centres (typologie comptable)		
centre de calcul	• regroupement de charges en vue d'une répartition dans les centres	équilibrer les charges et les répartitions	écarts « réalisation/prévision » (zéro)
centre de structure	• regroupement de charges en vue d'une répartition éventuelle au stade de la production et/ ou de la vente • l'activité n'est pas mesurable	respecter les budgets alloués et/ou négociés	écarts « prévision/réalisation » (zéro)
centre auxiliaire	• regroupement des charges à répartir sur d'autres centres au moyen de clés de répartition, d'abonnements, de cessions internes, etc. • l'activité est parfois mesurable	minimiser les coûts	écarts « prévision/réalisation » (zéro)
centre principal	• activités mesurables • pas d'unité d'œuvre imputable aux comptes de coûts de production	minimiser les coûts dans le respect des normes de qualité	minimiser les écarts défavorables

(1) exemple : un magasin distributeur, un dépôt/vente, sans responsabilité de gestion.
(2) les centres de structure tels que les administrations centrales.
(3) centres de travail, centres de production.
(4) exemple : un magasin avec responsabilité de la gestion, une unité industrielle décentralisée sans responsabilités de capitaux.
(5) unités décentralisées autonomes.

► *exemples (typologies comptables)*

		centres	sections
centres fonctionnels	**centres de calcul** *(anciennes sections fictives)*	frais financiers frais auxiliaires de main-d'œuvre amortissements généraux prévisions (*niveau global, entreprise*)	en principe, les centres de calculs ne sont pas décomposés en plusieurs sections
	centres de structure *(centres de dépenses)*	administration générale	direction et présidence ; secrétariat général
		gestion du personnel	sécurité ; relations sociales
		gestion des bâtiments	petits matériels et fluides ; vapeur et grosses machines
		gestion du matériel	plomberie, chauffage ; entretiens extérieurs et peinture
		transports	marchandises ; voyageurs
		directions financières	comptabilité ; trésorerie ; études économiques ; relation avec les actionnaires
		informatique	
		bureaux d'études et statistiques	
		distribution, commercialisation	promotion des ventes ; service de gestion des agences ; études de marché
centres opérationnels	**centres auxiliaires** *(centres de frais)*	approvisionnements	service achat ; service réception/contrôle ; manutention ; stockages et magasin
		études et recherches	laboratoire ; centre d'essais avancés
		contrôle qualité informatique niveau d'étude	produits ; services et images de marque (relations avec la clientèle)
	centres principaux *(centres de frais)*	production	usinage ; montage ; transports exceptionnels
		service technique	essais sur route ; essais d'endurance
		service après-vente	sur site ; chez les particuliers ; itinérants

À partir de ces exemples, on peut faire plusieurs remarques :

- *le nombre et le détail de ces centres et sections dépendent de la typologie et de l'importance de l'entreprise ;*
- *certaines sections sont des centres principaux dans certains cas sinon même des centres de responsabilité ;*
- *certains centres principaux (ou auxiliaires) sont des petites sections dans certaines structures ;*
- *l'évolution des techniques, les produits et les processus nouveaux entraînent des créations et des suppressions de centres et de sections qu'il faut gérer.*

5 LE RÔLE DE L'INFORMATIQUE

Les tâches – même prétendues techniques – de la comptabilité analytique n'ont rien de passionnantes si on limite le système à des opérations de tri de bons de sortie matières et de bons de travail. Dans les années 60, ces simples opérations occupaient des escouades d'employés dont le travail fastidieux était d'autant plus pénible que les écritures étaient plus difficiles à déchiffrer que des hiéroglyphes égyptiens.

En simplifiant à l'extrême, on peut distinguer deux catégories de logiciels :

- les logiciels universels qui ne répondent que rarement à une comptabilité analytique idéale contrairement à ceux de la comptabilité générale ;
- les logiciels « sur mesure » qui nécessitent des investissements plus ou moins onéreux et plus ou moins longs suivant que l'on trouve dans l'entreprise les informaticiens compétents ou qu'il faille s'adresser à des entreprises spécialisées.

L'informatique est un système rigoureux dans une organisation complexe comprenant :

- un **sous-système intellectuel** (les programmes, les fichiers, etc.),
- un **sous-système logistique** (le micro-ordinateur, les matériels, les réseaux, etc.).

De plus, la bureautique, la vidéo, le son, l'électronique sous toutes ses formes et ses applications ont développé des **réseaux de communication** dont l'informatique ne représente plus qu'un maillon de la chaîne (c'est-à-dire, maintenant, un sous-système).

C'est ainsi que les états de sortie – les listings – deviennent moins importants que la configuration des écrans sur les micro-ordinateurs dont dispose le moindre responsable sur son bureau. On n'attend plus le 5 du mois pour avoir les résultats et les performances du mois précédent... car l'**information devient permanente, instantanée** (mais pas toujours complète).

C'est dans cette optique qu'il faut lire le tableau ci-dessous.

qualités du système	*opérations*	*précautions*
répondre à une analyse des besoins	investissements maintenance évolutions	études de rentabilité délicates
facilité d'utilisation, automatismes sans effort	saisies	coûts à contenir
souplesse et adaptabilité	traitements, diffusions	tenir des délais toujours plus courts
se limiter au nécessaire et suffisant	sorties *(papiers ou écrans)*	tendance à l'encombrement

Le choix des matériels est important mais ne pose pas de problèmes majeurs étant donné le nombre de conseillers et de consultants extérieurs souvent compétents. Faut-il encore ne s'équiper qu'après l'étude et la mise au point d'un système et d'un réseau les mieux adaptés aux spécificités de l'entreprise.

Les logiciels, les programmes, le système informatique et le réseau de communication **doivent être adaptés** :

- à la **dimension** de l'entreprise ;
- à son **métier** de base ou à ses activités multiples ;
- à la **complexité** de réalisation et de diffusion des produits et des services ;
- à l'étendue et à la **densité géographique** et temporelle des réseaux de communication internes et externes (une multinationale peut être, souvent, une grande entreprise mais peut, aussi, être une PME très spécialisée) ;
- à la nature de l'**activité** : flux continu, production en série, production à l'unité sur devis, etc. ;
- au **système de comptabilité** analytique : coûts directs, coûts complets, répartitions, importance des en-cours, dispersion des réseaux, des activités et des sites, etc. ;
- au type d'**organisation** : centralisée, internationale, déconcentrée, délocalisée, dispersée ;
- aux **capacités financières** pour faire face aux étapes de l'informatisation : investissements et maintenance, saisies, traitements, sorties et diffusion ;
- à l'**évolution** des multiples environnements.

Les logiciels, le système, le réseau doivent être adaptables face aux changements de structure de plus en plus fréquents par suite des évolutions opérationnelles, techniques et technologiques (médecine, avionique, télécommunications, transports, systèmes bancaires, etc.).

On peut se trouver face à des contradictions entre :

- la **rapidité** des informations portées sur les sorties (papiers ou écrans) indispensables aux gestionnaires, l'information restituée étant parfois instantanée

et

- l'**extrême lenteur** découlant de la prudence et des difficultés de mise au point et des adaptations progressives (et compliquées) de tout système informatique à créer ou à vivre.

L'exploitation informatique fonctionne à la vitesse de la lumière et l'investissement progresse parfois à la vitesse moyenne de l'escargot vent debout sur des éclats de verre.

Dans tout système informatique (et multimédia), le choix d'un conseil extérieur pour les petites entreprises et la constitution d'une équipe pour les grandes est capital. Une absence d'un trieur de bons de travail en 1960 n'avait pas grande importance (on ne s'en apercevait pas toujours !) mais une panne informatique tourne rapidement au psychodrame collectif.

L'informatique a deux effets contradictoires au regard de la comptabilité analytique :

- **Elle permet de complexifier** presqu'à l'infini la codification de chaque information. Une seule information peut être affectée à plusieurs destinations en fonction de ce que l'on veut obtenir, ce qui aurait été impensable du temps de la plume d'oie.
  Par contre, la mise au point et la mise à jour du système sont onéreuses, nécessitant des compétences techniques de gestion et une grande rigueur dans la saisie des informations.
- Elle permet de **restituer de façon claire et synthétique**, parfois en temps réel, les informations nécessaires au contrôle budgétaire et aux prises de décisions. Elle permet d'avoir une échelle de recherche par l'effet de loupe allant du chiffre global de synthèse jusqu'au moindre détail.

Les gestionnaires s'occupent de moins en moins de savoir comment le réseau fonctionne pour se consacrer de plus en plus à l'analyse des résultats mais les organisateurs et les informaticiens doivent être, à la fois, des gestionnaires, des organisateurs, des animateurs, des artistes de la communication et, en plus, savoir concevoir et éditer des logiciels et des programmes de plus en plus complexes pour **rendre l'information toujours plus simple et plus facile à comprendre**.

6 L'APPORT DES STATISTIQUES

La comptabilité analytique consomme et restitue des statistiques.

Le rôle des statistiques est d'alléger le système sans avoir à vérifier en permanence et dans le détail les constantes de corrélations. On ne procède que par sondages sans tout comptabiliser et on contrôle sur la globalité périodique. Si la consommation d'eau est statistiquement constante en fonction de la surface traitée, il n'est plus utile de comptabiliser la consommation de l'eau par secteur d'activité, par machine, par produit réalisé, etc.

Les statistiques permettent de faire des répartitions sans tout comptabiliser en permanence.

Si les statistiques montrent une corrélation très forte entre le nombre de kilomètres voitures et le volume du chiffre d'affaires par représentant, des forfaits et des sondages suffiront pour comptabiliser les frais.

Les statistiques sont utiles pour établir ou modifier les standards, à ceci près que les statistiques ne sont qu'un apport dans ce domaine, les standards étant du ressort – surtout et pas exclusivement – des services de méthodes.

Dans certains domaines, les statistiques permettent des économies importantes. Ainsi, au siège parisien d'une grande multinationale, les « fournitures de bureau » étaient imputées en fonction des « bons de sortie » avec un contrôle rigoureux. Les statistiques ayant montré des constantes, les services du siège ont été débités forfaitairement tous les mois d'un montant prédéterminé. Le contrôle sur la masse à la fin de l'exercice a montré une diminution des prix de 50 % du poste « fournitures de bureau ». L'année suivante, il a été utilisé un libre-service intégral et non contrôlé des fournitures de bureaux. À la fin du deuxième exercice, le poste « fournitures de bureau » avait encore diminué de près de 15 %.

Les statistiques ont permis, dans bien des unités de production, de ne plus comptabiliser (en comptabilité analytique) bien des « consommables » à faible valeur comme les vis, les rondelles, les joints, les graisses, les chiffons, etc., c'est-à-dire de ne plus répartir au centime près ce genre de consommation dans des multitudes de services.

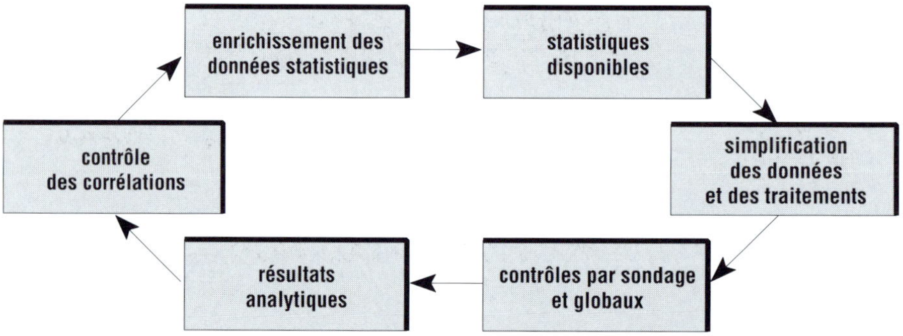

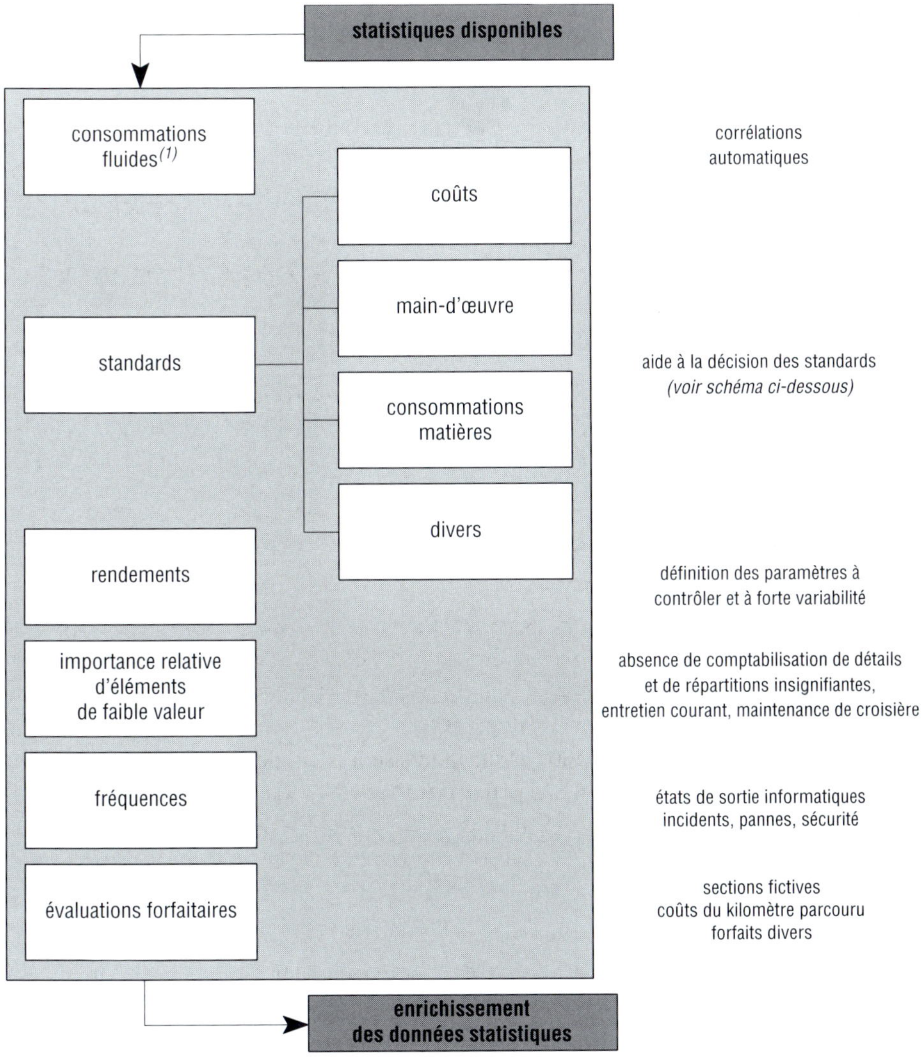

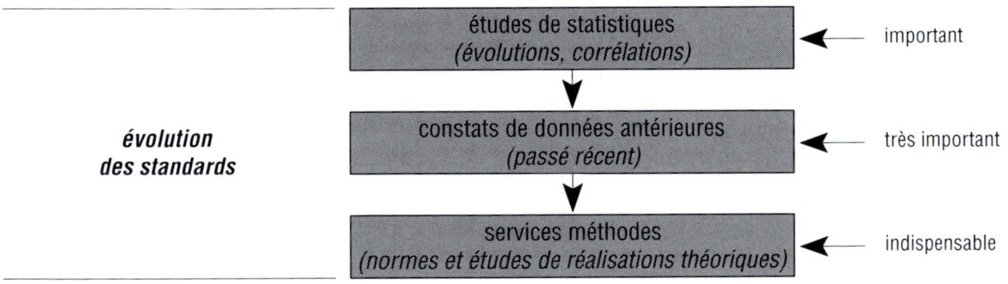

(1) eau, électricité, air comprimé, oxygène, gaz, carburants, huiles et lubrifiants, etc.

7 LES LIAISONS AVEC LA GESTION BUDGÉTAIRE

Comptabilité analytique et gestion budgétaire sont liées.

La comptabilité analytique **constate et valorise les faits et les flux** et elle permet de **déterminer les écarts** entres les prévisions d'objectifs d'une part et la réalité d'autre part.

Ces écarts sont déterminés et contrôlés, en général, **mensuellement** et, parfois, à des fréquences plus rapprochées.

L'organisation de la comptabilité analytique et du système budgétaire doit permettre ce contrôle.

Le réseau et les niveaux de responsabilité doivent être identiques en comptabilité analytique et en système budgétaire.

En simplifiant, on peut déterminer deux procédures, toute autre combinaison restant possible.

❶ Système de responsabilisation adopté surtout dans les **grandes entreprises** impliquant :
- des motivations et des compétences de gestion,
- le respect des procédures,
- une adhésion au système.

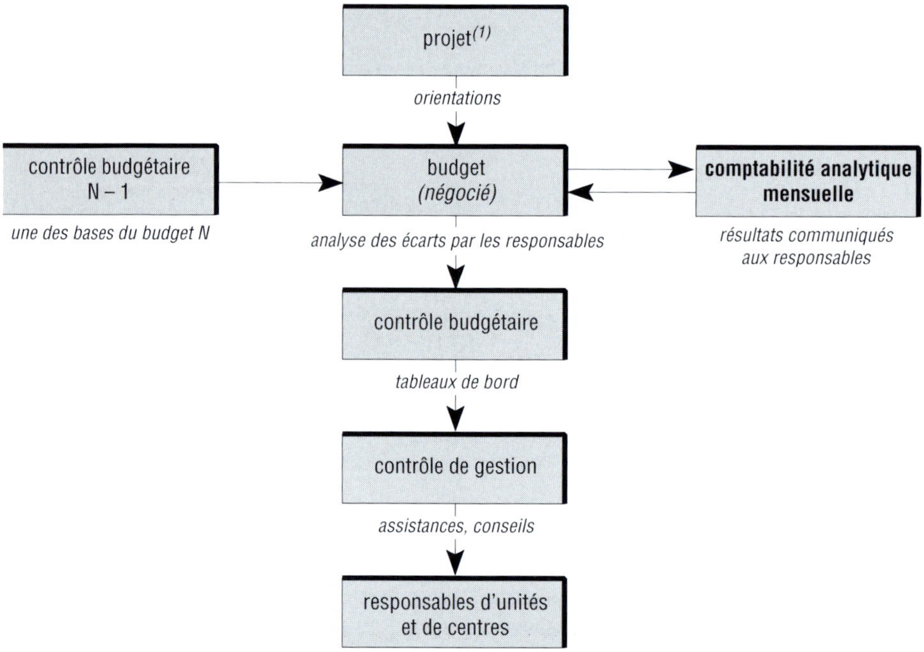

(1) dans le cadre d'une stratégie. Un projet d'entreprise résultant d'une stratégie peut constituer les orientations du budget.

❷ Système centralisé adopté surtout dans les **petites entreprises** ou les entreprises mono-produit.

Ce système a l'avantage de la simplicité et de la rapidité mais implique moins le responsable du centre dans son rôle de gestionnaire.

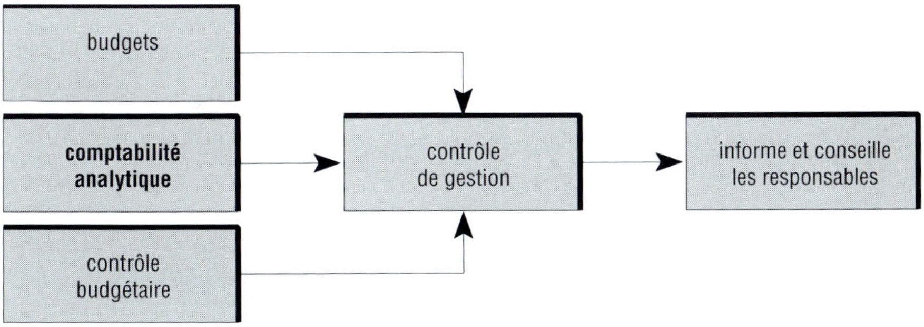

Dans ce type d'organisation, le contrôleur de gestion centralise et monopolise l'information et l'analyse des écarts. Les responsables sont centrés sur leur métier et leur fonction beaucoup plus que sur la gestion.

10 PHRASES...
4 ERREURS !

❶ L'organisation d'une comptabilité analytique ne dépend que de la taille de l'entreprise.

❷ Les charges supplétives correspondent à des rémunérations à prévoir mais non passées en cours d'exercice.

❸ Le résultat de la comptabilité analytique doit recouper celui de la comptabilité générale par la technique des comptes d'écart (entre autres).

❹ La comptabilité analytique ne peut absolument pas être modifiée en cours d'exercice en ce qui concerne son organisation qui doit littéralement être figée.

❺ Le réseau d'analyse comptable permet de suivre le cheminement des coûts de l'achat à la vente.

❻ Un centre – ou une section – est une unité de gestion ayant une mission et un responsable dans la quasi-totalité des cas.

❼ Un centre de profit est synonyme de centre de rentabilité.

❽ L'informatique permet d'accélérer la sortie des informations mensuelles et permet d'éviter la diffusion de certains documents remplacés par la lecture d'écrans sur demande.

❾ Les statistiques n'ont aucun rôle à jouer dans la comptabilité analytique contrairement aux mathématiques financières.

❿ La comptabilité analytique permet de prendre des décisions par les calculs d'écarts évolutifs et dans le cadre de la gestion budgétaire.

commentaires page **144**.

3

les techniques de base

1 LA MAIN-D'ŒUVRE

Quelle que soit l'entreprise, les salariés et leurs salaires (y compris les charges sociales) sont affectés à un centre. Il n'y a pas d'exception à ce principe.

Dans certaines entreprises, quelques situations – qui seront de plus en plus diversifiées – peuvent soulever des problèmes.

✓ **Salariés à temps partiel**

Que les contrats soient en CDI ou CDD ne change rien aux affectations.

✓ **Salariés travaillant à domicile ou continuellement à l'extérieur**

Le rattachement de ces personnes ne pose pas de problème d'affectation mais peut poser des problèmes d'imputation comme, par exemple, le réparateur de matériels pouvant passer 10 minutes ou 3 jours chez un client. Une bonne organisation suffit, en général, à régler ce problème.

✓ **Personnel en intérim**

Une solution consiste à considérer ces personnes comme des salariés de l'entreprise, leur salaire étant sous forme de facture au lieu de bulletin de paie.

C'est possible en comptabilité analytique, pas en comptabilité générale. Il faut, alors, créer un compte d'écart ou de conversion.

✓ **Personnel payé en honoraires**

Si les personnes rémunérées de cette façon travaillent dans le cadre d'un centre auxiliaire ou d'un centre lié à la structure, il s'agit de charges appelées « prestations extérieures ».

Il se peut, exceptionnellement, que des personnes de haute technicité payées en honoraires soient conduites à travailler directement sur un produit ou une étude ou une recherche. Dans ce cas, il s'agit de « prestations externes ». S'il est nécessaire de décompter des temps, on assimile ce cas à une location de personnel en intérim.

✓ **Personnel rémunéré à la commission**

Il s'agit, dans ce cas, de frais de commercialisation sans enregistrement des temps passés en comptabilité analytique.

Le cheminement de la main-d'œuvre peut être représenté par le schéma suivant.

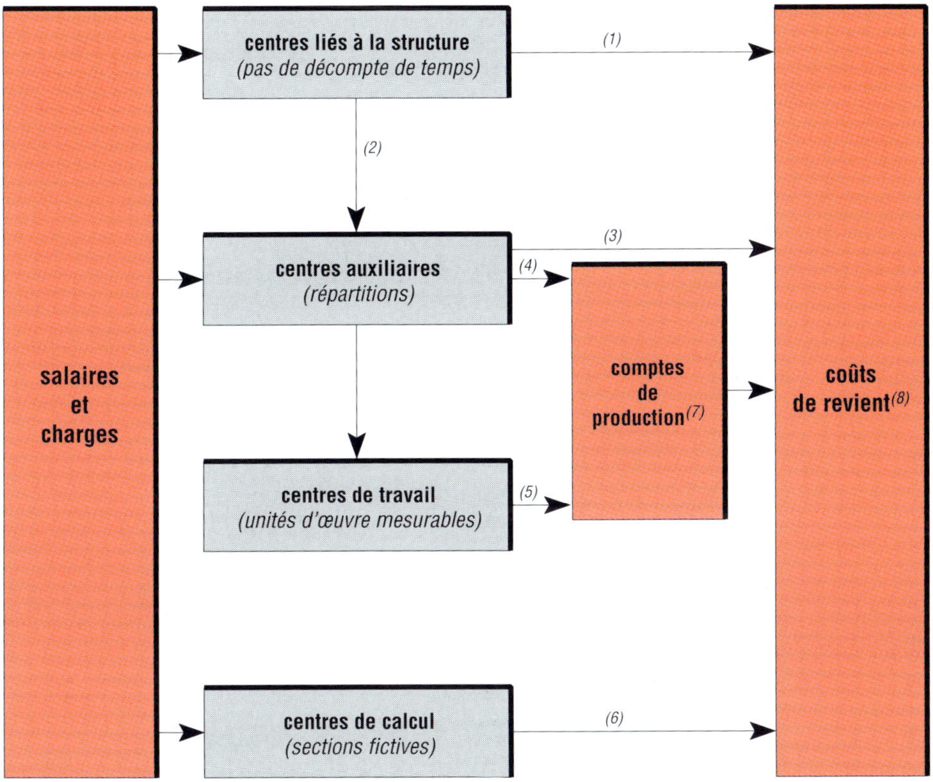

---

(1) imputation ou répartition des charges de structure suivant des critères très variables. Parfois, ces charges sont virées en bloc en fin de période, donc non réparties.

(2) cas très rare car peu utile. Il s'agirait, par exemple, de répartir les coûts de la direction générale au niveau de l'heure de production.

(3) (4) cas où un centre auxiliaire vend une prestation à l'extérieur ; les temps peuvent être imputés forfaitairement à un compte de coût de revient ou passés par un compte de production.

(5) imputation aux comptes de production d'unités d'œuvre x coût unitaire de l'unité d'œuvre (souvent en coût standard).

(6) cas d'un salarié détaché à temps complet sur un chantier de longue durée ou dans une filiale. Dans ce cas, le salaire et les charges sont facturés avec une marge.

(7) il peut y avoir des centaines de coûts de production (par série, par durée en production continue, par marché, par affaire, par commande client, par période d'activité, etc.).

(8) il peut y avoir autant de comptes de coûts de revient que de produits livrés ; on peut, aussi, faire des règlements par produit / client pour simplifier la comptabilité analytique. Par la suite, on écrira « coûts de revient » alors qu'il faudrait écrire « comptes de coûts de revient – complet – des ventes ».

2 LES UNITÉS D'ŒUVRE

Les unités d'œuvre servent à **mesurer et à contrôler l'activité** :

- heure produite par catégorie professionnelle et par type d'activité,
- heure machine,
- kilomètre, mètre, tonne, kilogramme, mètre cube, mètre carré, litre,
- unités composées (tonne/kilomètre, kilomètre/passager),
- unités spécifiques à une profession (mètre carré peint, broche/heure, carde mètre/heure),
- unités de produits (la pièce ou le sous-ensemble ou l'ensemble),
- unités diverses (opération comptable, ligne imprimée, etc.).

Les termes « unité d'œuvre » et « coût d'unité d'œuvre » sont réservés aux unités d'œuvre physiques ou assimilables : une heure, par exemple, n'est pas physique mais est assimilable à une unité d'œuvre mesurable en quantité. Dans le cas d'unités d'œuvre monétaires, l'expression « coût d'unité d'œuvre » est remplacée par « taux de frais ».

La valeur d'une unité d'œuvre est donnée par la formule : $\dfrac{\text{charge du centre}}{\text{nombre d'unités d'œuvre}}$

Simple dans son principe, la valeur de l'unité d'œuvre peut varier considérablement d'une entreprise à l'autre en raison des différences dans la définition des charges des centres, d'une part, du nombre d'unités d'œuvre, d'autre part.

En apparence, il est simple de compter le temps. Il suffit de mettre un compteur, c'est-à-dire de mettre en place un système de contrôle soit avec du papier (des bons), soit sur enregistrements directs sur un clavier d'ordinateur, avec ou sans carte d'identification. Imputer des temps, c'est **déterminer ceux qui sont imputables aux coûts de production** et ceux qui ne le sont pas.

Le schéma suivant montre les choix possibles de décompte des temps

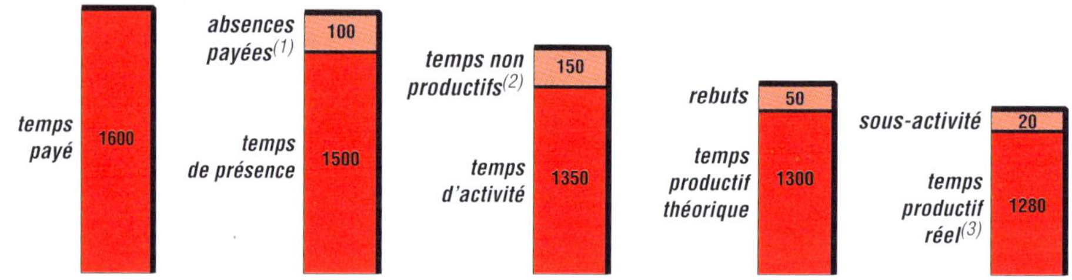

Suivant que l'on prend un critère ou un autre, le coût de l'heure (ou du mois ou du centième d'heure) sera plus ou moins élevé. La définition des coûts imputables doit être très précise et rigoureuse, sinon la vérité des coûts de revient devient aléatoire.

(1) accidents ou incidents (en principe, les heures de grève ne sont pas payées) ; temps de vestiaire ; temps de repas en journée continue ; pannes de fluides tels qu'eau, électricité, etc.

(2) temps de délégation ; changement de séries et arrêts de production ; entretien des machines, des bureaux ou des ateliers ou transports/manutention ; formation.

(3) termes et décomposition possibles. Certaines entreprises définissent les temps avec une précision parfois exagérée. Par contre, la simplification tendant à ne prendre en compte que les temps payés comme diviseur est un peu simpliste dans certains cas.

► *Exemple :*

- unité de production, de réparation et de maintenance de matériels informatique ;
- 10 personnes imputent leurs temps à des comptes de coûts de production ;
- charges totales du centre pour un mois = 240 000 Francs ;
- répartition des temps conforme au schéma de la page ci-contre.

calcul de base		***taux de l'heure***
temps payés	240 000 Francs / 1 600 heures	150 Francs/heure
temps de présence	240 000 Francs / 1 500 heures	160 Francs/heure
temps d'activité	240 000 Francs / 1 350 heures	178 Francs/heure
temps productif théorique	240 000 Francs / 1 300 heures	185 Francs/heure
temps productif réel	240 000 Francs / 1 280 heures	188 Francs/heure

- En supposant qu'une commande facturable ait nécessité 100 heures de travail réel, l'imputation aux comptes de coûts de production peut aller de :

  100 heures x 150 Francs = 15 000 Francs à 100 heures x 188 Francs = 18 800 Francs

  Dans le premier cas, la production est valorisée au coût le plus bas mais il reste à amortir (à « éponger » disent les gestionnaires de base)

  (138 Francs – 150 Francs) x 100 heures = 3 800 Francs

  à répartir dans des comptes de sous-activité ou d'autres termes souvent qualifiés de « frais généraux » ou de « coûts hors production » qui ne sont que des coûts à amortir (avec la structure de l'entreprise) dans les comptes de coûts de revient.
  Dans le deuxième cas, la totalité des frais du centre est amortie dans le coût imputé aux comptes de coûts de production.

  De toute façon, le client paiera :

  15 000 Francs + 3 800 Francs + coûts de structure de l'entreprise + marge

  ou 18 800 Francs + coûts de structure de l'entreprise + marge

  ce qui revient au même.

- En supposant qu'il ne s'agisse pas d'une commande client mais d'une série de 100 pièces pour le stock, l'entrée en stock se fera entre 150 Francs et 188 Francs pièce, ce qui aura une incidence sur le montant de l'inventaire et sur celui de la production stockée.
  Les comptes de coût de revient devront absorber ce qui n'aura pas été imputé aux comptes de coûts de production, ce qui aura une incidence sur les prix de vente et/ou sur le résultat.

Sur le mois, la différence maximale d'imputation peut être de :		
• production réelle : 1 280 Francs x 150 Francs/heure		192 000 Francs
• coût réel du centre de production		240 000 Francs
coût non absorbé *(mali)*		**48 000 Francs**
que l'on peut répartir en :		
• coût de sous-activité	20 heures x 150 Francs/heure	3 000 Francs
• coût de la sous-qualité	50 heures x 150 Francs/heure	7 500 Francs
• coût social et entretien	(150 + 100) heures x 150 Francs / heure	37 500 Francs
(à analyser)		**48 000 Francs**

3 LES STOCKS

Les stocks sont des étapes intermédiaires dans le système d'opération d'une entreprise ; ce sont des **régulateurs**.

Sans faire la moindre théorie, on peut très concrètement considérer que les stocks sont des billets de banque accumulés sur des étagères, masses d'argent entraînant des frais financiers au lieu de créer des produits financiers. C'est la raison pour laquelle les grandes entreprises industrielles (automobile en particulier) « tournent » à stock zéro (flux tendus) – ce qui ne présente pas que des avantages pour tout le monde.

On distingue :

- d'une part, les **stocks amont** entre les achats et les consommations par les centres (matières premières) ou entre les achats et les ventes (marchandises à revendre en l'état),
- d'autre part, les **stocks aval** qui sont une étape de régulation intermédiaire entre les centres de travail et les clients (les ventes).

Ils comprennent :

➥ les travaux et prestations en cours,
➥ les produits finis.

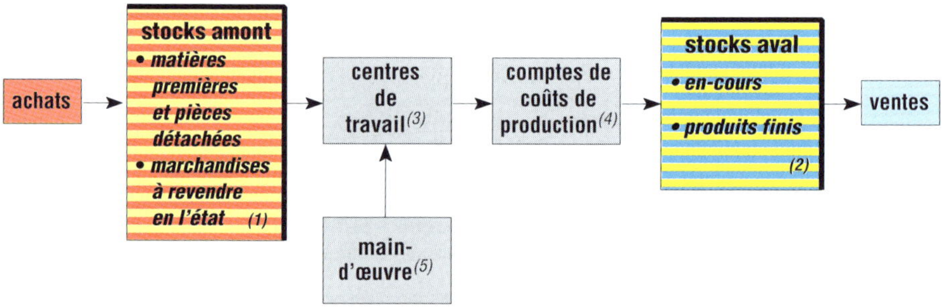

Ce schéma montre le processus, simplifié, de constitution d'un produit ou d'un service.

(1) éléments principaux ; le plan comptable mentionne une dizaine de stocks amont.
(2) éléments principaux ; le plan comptable mentionne d'autres catégories de stocks aval.
(3) en fait, ici, il faudrait écrire « réseau de centres divers ».
(4) il faudrait ajouter une autre étape : les comptes de coûts de revient (voir la suite du livre).
(5) salaires et charges sociales en particulier.

3.1 Les stocks amont

3.1.1 Les méthodes de valorisation

Lorsqu'on sort une matière première ou une pièce d'un stock pour l'utiliser en fabrication, ou lorsqu'on sort un produit fini pour le vendre, il convient de savoir à quel coût on enregistre le mouvement si les entrées ont été effectuées à des prix différents (prix d'achat ou coût de fabrication en hausse, par exemple).

Le choix de la méthode ne dépend pas des possibilités de traitement de l'information car les logiciels et l'organisation informatique ne posent plus de problèmes majeurs à cet égard. La méthode du coût moyen pondéré semble la plus utilisée.

Par contre, la méthode du coût moyen pondéré présente, comme la méthode FIFO, l'inconvénient de comptabiliser les consommations à des valeurs qui ne sont plus actuelles au moment où on réalise les sorties de stock. Il y a sous-évaluation des sorties en période de hausse des prix, ce qui peut tromper les responsables sur la valeur réelle des coûts.

✓ ***Méthode FIFO (first in-first out) – premier entré-premier sorti***

Les sorties de matières ou de pièces se font au prix les plus anciens (en fonction des quantités), les prix sont donc relativement faibles par rapport à ceux du moment de la consommation réelle (tout au moins en période de hausse de prix). Les comptes de production n'absorbent pas les variations récentes des prix des matières premières. Par contre, les stocks de matières premières sont valorisées à des prix relativement actuels.

✓ ***Méthode LIFO (last in-first out) – dernier entré-premier sorti***

Les sorties de matières ou de pièces se font au prix les plus récents (en fonction des quantités). Les prix sont donc justes au moment de la consommation et les coûts de revient sont relativement actualisés, mais les stocks de matières premières sont sous-estimés par rapport à la réalité (tout au moins en période de hausse de prix).

✓ ***Méthode CMP (coût moyen pondéré)***

Après chaque entrée, on additionne les quantités entrées et les quantités en stock avant l'entrée ; on fait de même pour les valeurs. On trouve le prix moyen en divisant, lors de chaque entrée, le montant total en valeur par la quantité totale.

Cette méthode **est recommandée par le plan comptable** et elle est **admise par l'administration fiscale**. Les calculs entraînés par cette méthode étaient nombreux et longs à faire avant la généralisation de l'informatique.

La méthode retenue par la comptabilisation des stocks a une très grande influence sur la sincérité du résultat.

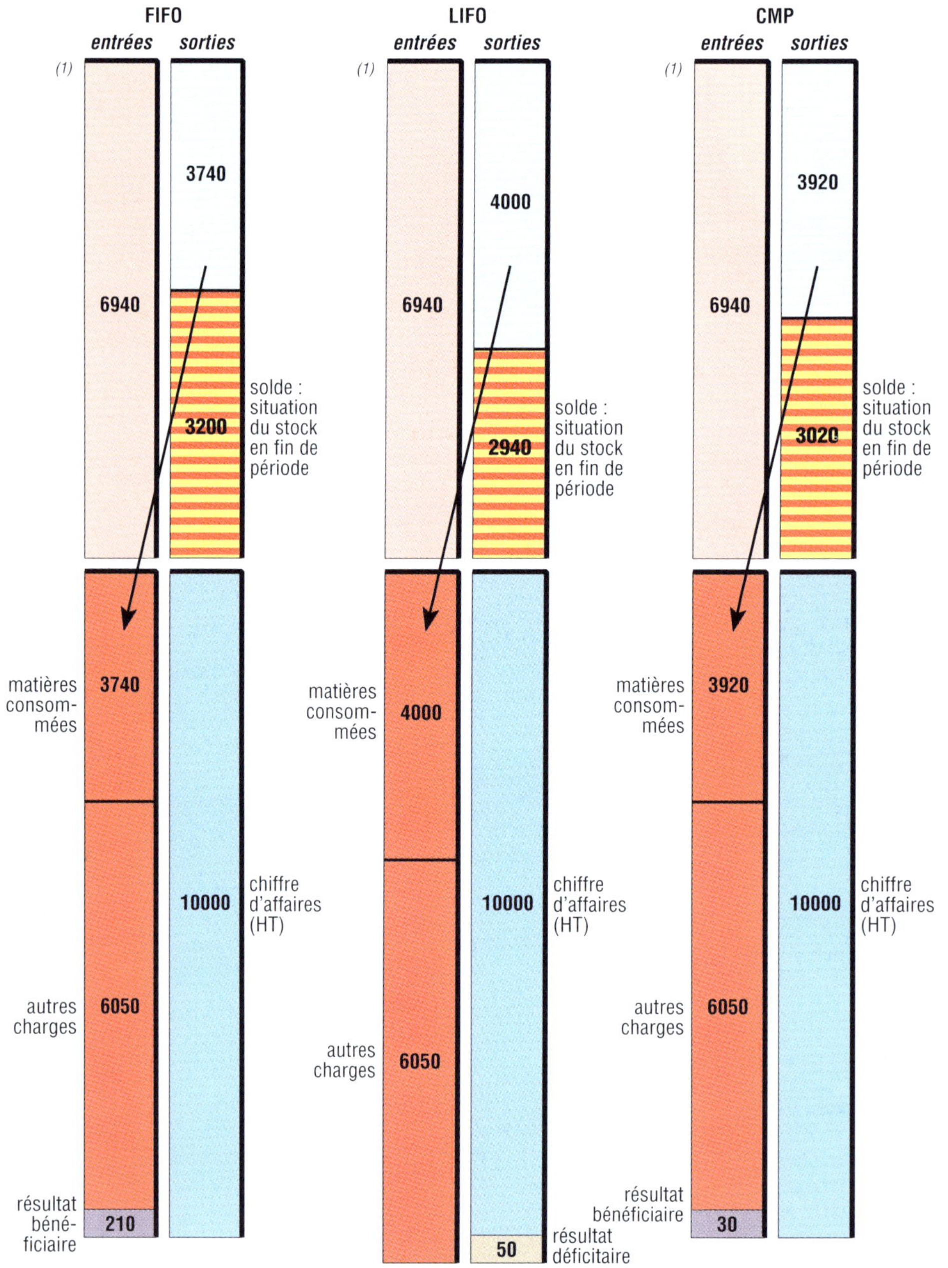

logique

si la méthode est constante ! mais les stocks de matières premières sont plutôt survalorisés par rapport aux en-cours.

prudent

méthode non admise par le fisc. Les résultats restent en puissance dans les stocks de matières premières.

la juste mesure

recommandée par le plan comptable et bien acceptée par le fisc.

(1) y compris le stock initial, qui est nul dans l'exemple choisi ici.

les trois méthodes (exemple avec stock initial nul)

	dates	entrées			sorties			soldes		
		quantités entrées	coût unitaire	coût total	quantités sorties	coût unitaire	coût total	quantités en stock	coût unitaire	coût total
FIFO	2 Janvier	50	30,00	1 500				**50**	**30,00**	**1 500**
	10 Janvier				40	30,00	1 200	**10**	**30,00**	**300**
	15 Mars	70	32,00	2 240				**80**	**31,75**	**2 540**
	20 Mars				50 : 10	30,00	[1] 300	**30**	**32,00**	**960**
					40	32,00	1 280			
	30 Mars	80	40,00	3 200				**110**	**37,82**	**4 160**
	5 Avril				30	32,00	960	**80**	**40,00**	**3 200**
	totaux	**200**		**6 940**	**120**		**3 740**	**80**		**3 200**
	prix moyen		**34,70** [7]			**31,17** [8]			**40,00**	
					sorties suivantes	**40,00** [2]				
LIFO	2 Janvier	50	30,00	1 500				**50**	**30,00**	**1 500**
	10 Janvier				40	30,00	1 200	**10**	**30,00**	**300**
	15 Mars	70	32,00	2 240				**80**	**31,75**	**2 540**
	20 Mars				50	32,00	1 600	**30**	**31,33**	**940**
	30 Mars	80	40,00	3 200				**110**	**37,64**	**4 140**
	5 Avril				30	32,00	1 200	**80**	**36,75**	**2 940**
	totaux	**200**		**6 940**	**120**		**4 000**	**80**		**2 940**
	prix moyen		**34,70** [7]			**33,33** [9]			**36,75**	
					premières sorties suivantes	**40,00** [3] [5]				
CMP	2 Janvier	50	30,00	1 500				**50**	**30,00**	**1 500**
	10 Janvier				40	30,00	1 200	**10**	**30,00**	**300**
	15 Mars	70	32,00	2 240				**80**	[4] **31,75**	**2 540**
	20 Mars				50	31,75	1 587	**30**	**31,75**	**953**
	30 Mars	80	40,00	3 200				**110**	[6] **31,75**	**4 153**
	5 Avril				30	37,75	1 133	**80**	**37,75**	**3 020**
	totaux	**200**		**6 940**	**120**		**3 920**	**80**		**3 020**
	prix moyen		**34,70** [7]			**32,67** [10]			**31,75**	
					sorties suivantes	**37,75** [5]				

(1) *montant de la sortie du 20 Mars = 300 + 1 280 = 1 580.*
(2) *jusqu'à épuisement du lot, c'est-à-dire pour les 80 prochaines unités à sortir.*
(3) *40 Francs pour les 50 premières, puis 20 à 32 Francs, puis 10 à 30 Francs.*
(4) *10 à 30 Francs en stock + 70 entrées à 32 Francs = 2 540 Francs, soit un prix moyen de 2 540 / 80 = 31,75 Francs.*
(5) *sous réserve qu'il n'y ait pas d'entrée nouvelle entre-temps à un prix différent.*
(6) *30 à 31,75 Francs + 80 entrées à 40 Francs = 4 152,50 Francs arrondis à 4 153 Francs, soit un prix moyen de 4 152,50 / 110 = 37,75 Francs.*
(7) *6 940 / 200 = 34,70 Francs.*
(8) *3 740 / 120 = 31,17 Francs.*
(9) *4 000 / 120 = 33,33 Francs.*
(10) *3 920 / 120 = 32,67 Francs.*

3.1.2 L'influence de la méthode sur la valorisation des coûts et des stocks

À partir de l'exemple chiffré précédent, on peut évoquer les conséquences de l'évaluation des stocks amont.

les stocks sont surévalués en FIFO et en CMP, mais les consommations sont sous-évaluées

	consommations de la période ❶	*stock à la fin de la période* ❷	*total (pour contrôle)* ❶ + ❷
FIFO	3 740	3 200	6 940
LIFO	4 000	2 940	6 940
CMP	3 920	3 020	6 940

influence de la méthode choisie

	sur les stocks amont		*sur les stocks aval*	
évolution des prix des pièces détachées et évolution du cours des matières premières (tendances des marchés)[1]	↑	↓	↑	↓
FIFO	la valorisation se rapproche au mieux des prix réels		sous-valorisés	survalorisés
LIFO[2]	sous-valorisés	survalorisés	les coûts de revient tiennent compte des fluctuations récentes	
CMP	légèrement sous-valorisés	légèrement survalorisés	légèrement sous-valorisés[2]	légèrement survalorisés [3]

(1) il peut y avoir des périodes successives de hausses et de baisses de prix (surtout pour les matières premières).
(2) le fisc n'admet pas que l'on change de système et n'accepte pas la méthode « dernier entré – premier sorti ».
(3) répercussion étalée des variations de prix des matières premières dans le coût de revient.

3.1.3 Les différences d'inventaires

La comptabilité analytique permet de connaître à tout moment le montant des travaux en cours (solde des comptes de production) et la valeur des stocks (soldes des comptes d'**inventaires permanents**).

Si tout se passe bien, il y a concordance entre les stocks physiques et les stocks comptables. Ceci est rarement vrai pour de multiples raisons qui tiennent aux défaillances des systèmes d'informations, sans compter les erreurs de quantités non contrôlées dans les entrées et les sorties, les « pièces perdues », les fluides plus ou moins volatilisés, etc. C'est pourquoi en fin d'exercice il est procédé à un **inventaire physique**[1].

Si celui-ci fait apparaître une sous-évaluation des stocks comptables, on enregistre des **bonis d'inventaire** au crédit du compte de résultat analytique.

Si au contraire il y surévaluation des stocks, il y a des **malis d'inventaire** qui sont enregistrés au débit du compte de résultat analytique. En effet, cette différence signifie la plupart du temps que les sorties des stocks ont été insuffisantes et que les coûts de revient ont été sous-évalués.

Les inventaires physiques étant des opérations longues et astreignantes, des entreprises pratiquent la méthode de l'**inventaire tournant** qui consiste à faire périodiquement l'inventaire d'une partie seulement des stocks, de sorte qu'à la fin de l'exercice tous les stocks aient été contrôlés dans l'exercice.

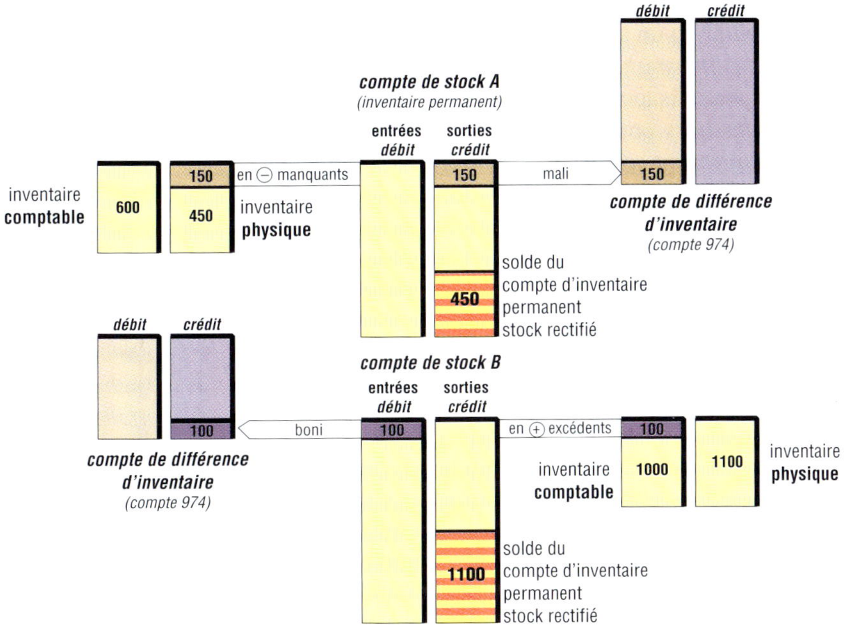

(1) *le Code du commerce précise que toute entreprise commerciale ou industrielle est tenue de procéder au moins une fois par an à l'inventaire physique de ses biens, une fois par an ne signifiant pas nécessairement le dernier jour de l'exercice.*

3.2.5 L'incidence de l'évaluation des stocks aval sur le résultat

En principe, la variation des stocks due à la production non vendue (en cours ou productions intermédiaires ou produits finis) ne devrait avoir aucune incidence sur le résultat. Cependant, il est pratiquement impossible d'évaluer à leurs justes prix ces stocks, même en tenant compte de certaines provisions pour dépréciation. La valorisation des stocks dépend du système de comptabilité analytique adopté (coûts variables, coûts standards, coûts complets, coûts partiels, répartition des charges de structure, etc.) et de la méthode de comptabilisation des stocks (coût moyen pondéré ou FIFO, ou, rarement en France, LIFO).

Ce problème est grave car le **résultat doit être sincère et définitivement acquis**. Dans l'exemple ci-dessous, si les stocks sont sous-évalués, le fisc se trouve lésé ; mais si les stocks sont surévalués, l'entreprise risque de distribuer une partie du résultat n'ayant pas encore fait l'objet d'une transaction avec un tiers, c'est-à-dire définitivement acquis ; elle risque de « distribuer des risques ».

L'informatique permet d'affiner les méthodes et les calculs mais ne supprime pas les risques de sur ou sous-évaluation.

► *exemple avec hypothèse d'affectation des résultats :*

- impôt sur les sociétés = 42 % ;
- dividendes = 10 % ;
- autofinancement... le reste.

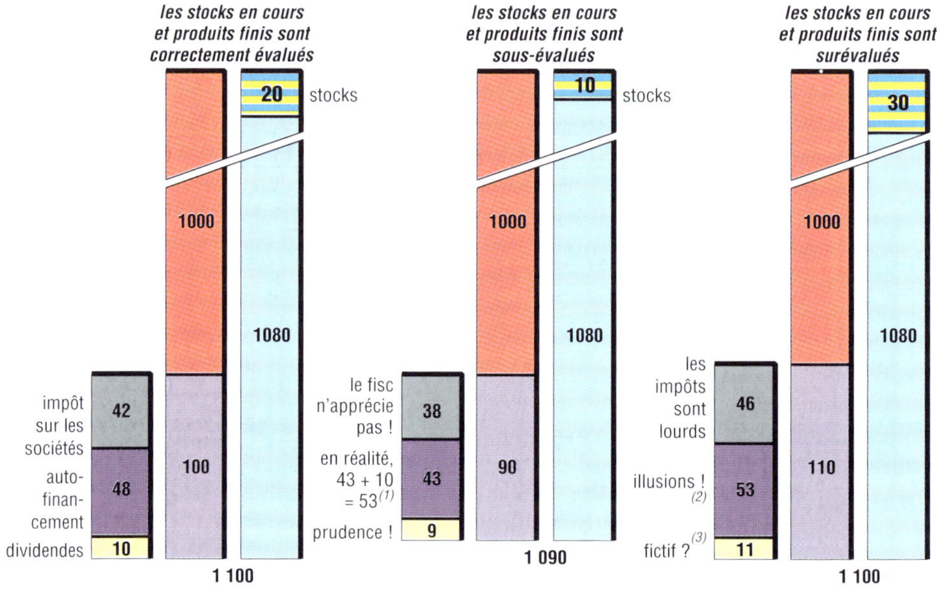

(1) 43 « affichés » + 10 de résultat potentiel dans les stocks, puisqu'ils sont sous-évalués de 10.
(2) 53 « affichés » mais, en réalité 43, car 10 de stocks sur-évalués représentant des pertes.
(3) fictif... au moins pour 1.

4 LES OPÉRATIONS DE BASE

Les opérations de comptabilité analytique se résument à quatre mots :

affectation, imputation, répartition, cessions internes.

Les charges sont affectées aux stocks ou aux centres. Les coûts sont imputés aux comptes de production.

Les coûts des centres ne travaillant pas directement sur les produits sont répartis sur les centres de travail.

Ces quatre mots permettent de suivre le cheminement des charges jusqu'aux produits vendus ou mis en stocks (stocks aval).

principe général et simplifié des opérations

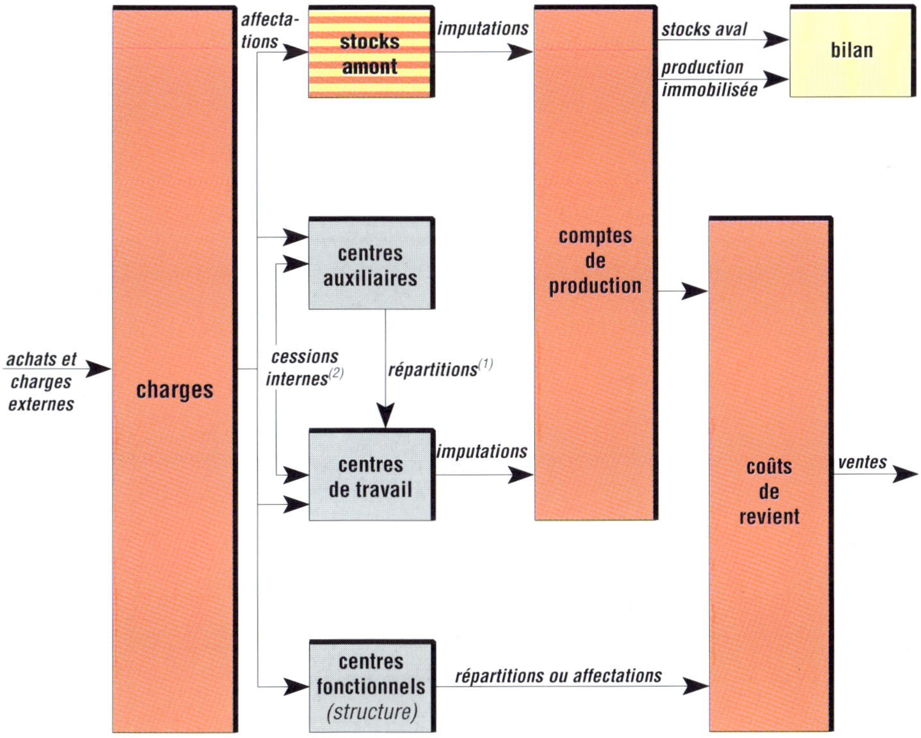

(1) éventuellement « abonnements ».
(2) cessions internes entre centres auxiliaires et centres de travail ou entre centres de travail ou autres unités décentralisées (centres de rentabilité) par l'intermédiaire de comptes de production.
(3) en provenance de « tiers », c'est-à-dire les fournisseurs (achats), le salariés (salaires), etc.

5 LES RÉPARTITIONS

En simplifiant, il y a des charges directes que l'on peut affecter sans ambiguïté à des centres ou à des comptes de coûts de production ou à des stocks et, aussi, des charges que l'on ne peut pas affecter sans un regroupement et une répartition.

Les charges relatives aux fluides comme l'électricité ou l'eau ou les amortissements généraux ne peuvent pas être affectés directement tout au moins dans leur totalité. Ainsi, pour l'électricité, il faudrait un compteur par machine et une facture EDF par machine... plutôt compliqué.

Toutes ces charges sont donc affectées indirectement après **répartition aux centres consommateurs ou utilisateurs** suivant des méthodes plus ou moins arbitraires fondées sur les consommations, la production, les surfaces, les volumes, les effectifs, etc. ; toutes clés de répartition ayant une base plus ou moins rationnelle et statistique dans le but – fort louable – de **connaître la vérité des coûts**, ce qui est intéressant pour les gestionnaires et les commerçants.

Il y a des répartitions justifiées quand, par exemple, il y a un centre gros consommateur d'eau alors que les autres centres ne s'en servent que pour se laver les mains en fin de journée. Mais faut-il aller jusqu'à répartir en cascade les charges du service juridique pour connaître le coût de l'heure de la fraiseuse ou le coût d'établissement d'un billet d'avion ?

Par ailleurs, dans certaines entreprises où les charges directes sont très importantes par rapport aux charges indirectes, et dans la mesure où il y a une faible diversité de produits, on peut envisager de ne rien répartir car, dans ce cas, personne n'a besoin de connaître le coût complet réel. Dans les industries ou les services en flux continu, des analyses de fabrication (méthodes) et une batterie de statistiques évitent des répartitions qui, souvent, dilueraient les responsabilités.

principe du tableau de répartition

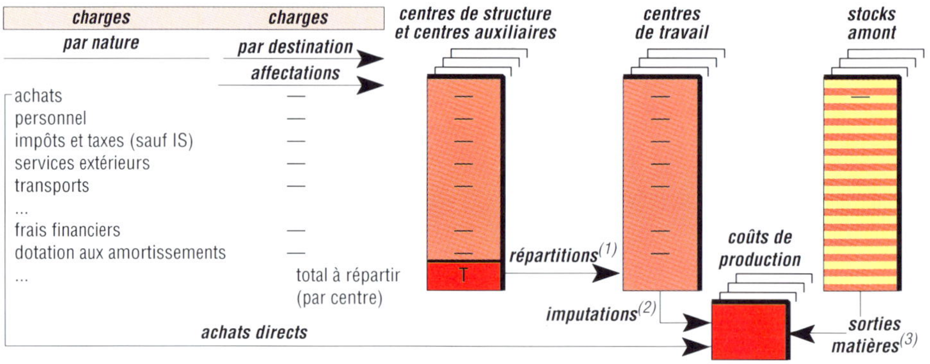

(1) *clés ou méthodes de répartition en pourcentages de productions ou de consommations ou en montants forfaitaires négociés ou non.*
(2) *imputations = nombre d'unités d'œuvre produites x coût unitaire de l'unité d'œuvre.*
(3) *+ coefficient de frais matières.*

principe détaillé du système de répartition

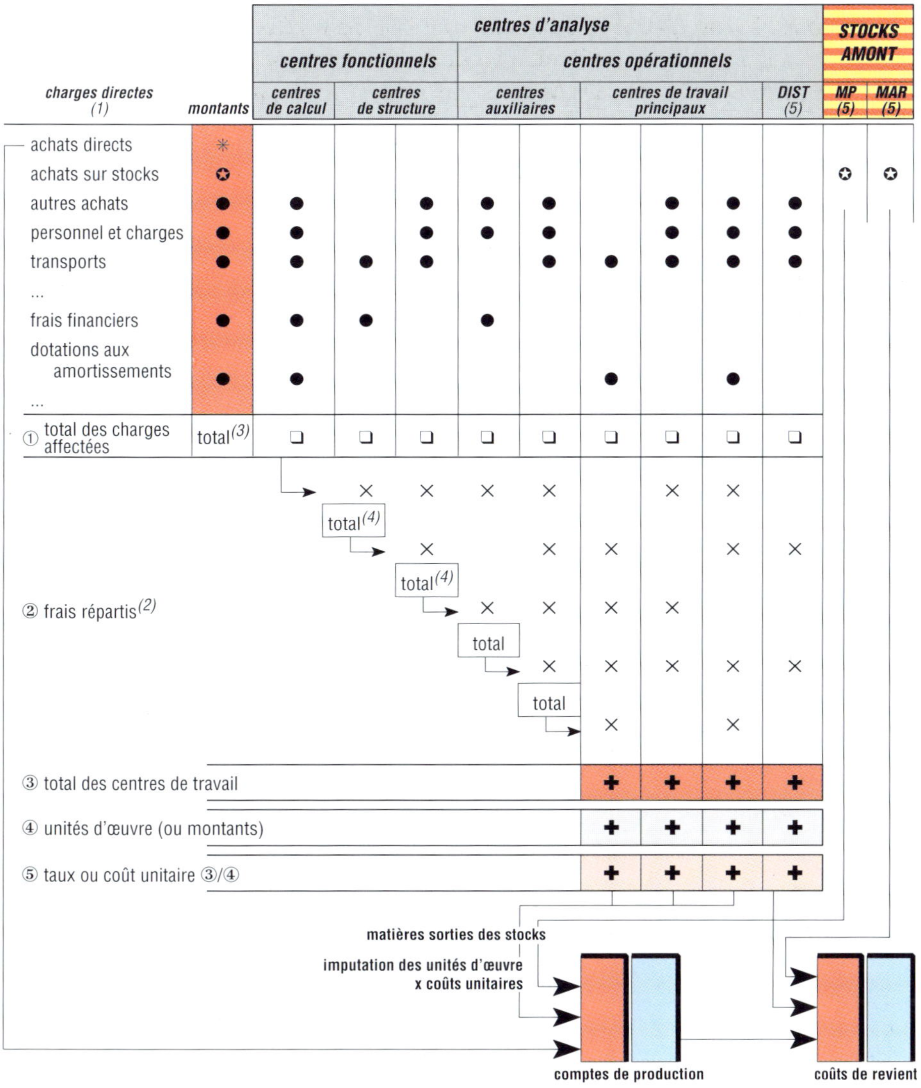

(1) *tous les centres ne comportent pas toujours des charges directes.*
(2) *il y a des centres qui ne supportent aucune répartition de frais.*
(3) *total des charges incorporables.*
(4) *les coûts de structure du siège ou des services généraux (directions fonctionnelles) sont regroupés dans un centre à part et répartis dans les coûts de revient.*
(5) *DITS = centres de distribution (commercialisation) ; MP = matières premières ; MAR = marchandises à revendre en l'état.*

6 L'IMPUTATION RATIONNELLE

Dans un système de comptabilisation en coût complet, toutes les charges variables et de structure sont incluses dans les coûts de production. On aboutit ainsi à une majoration des coûts de revient lorsque l'entreprise travaille en dessous de sa capacité normale et à une minoration dans le cas inverse. Il peut en résulter des erreurs de gestion car l'entreprise aura tendance à accroître ses prix de vente en période de sous-activité alors qu'il faudrait les diminuer pour relancer la demande.

Par ailleurs, il est anormal qu'un stock de produits finis ou de produits semi-finis ait une valeur plus ou moins forte par le seul fait du niveau d'activité.

Cette constatation a conduit à proposer de n'inclure les charges de structure des centres opérationnels dans les coûts qu'**au prorata de l'activité**. Si un centre ne travaille qu'à 80 % de sa capacité, on inclut 80 % des charges de structure dans les coûts ; si, au contraire, le niveau d'activité est de 120 %, on impute 120 % des charges de structure aux coûts. La différence entre les charges constatées et les charges imputées est enregistrée dans un compte d'**écart sur activité** dont le solde est transféré au compte de résultat analytique.

Il y aura des **malis** pour la sous-activité et des **bonis** pour la suractivité. Cette méthode implique que les charges des centres soient classées selon leur degré de variabilité. La difficulté d'application réside dans la **détermination de l'activité normale** qui ne doit pas être confondue avec l'activité maximale.

En fin d'exercice, les comptes d'écarts sont soldés.

activité normale : 2 000 pièces
charges variables par pièce : 10 Francs *(respectées dans les 2 cas ci-dessous)*
charges de structure : 5 000 Francs

PREMIER CAS **l'activité réelle a été de 1 500 pièces**
(l'activité a été réalisée à 75 % de l'activité normale ; $\frac{1\ 500}{2\ 000}$ *x 100)*

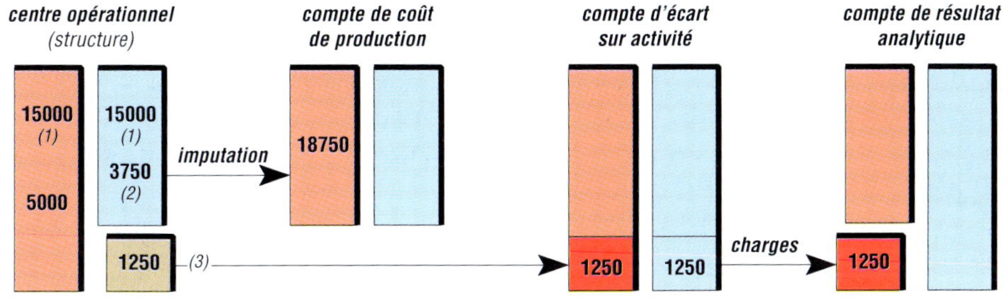

(1) charges variables : 1 500 pièces x 10 Francs = 15 000 Francs.
(2) charges de structure : 5 000 Francs x 0,75 = 3 750 Francs.
(3) mali (pertes) : 5 000 – 3 750 = 1 250 Francs.

DEUXIÈME CAS **l'activité réelle a été de 2 200 pièces**
(l'activité a été réalisée à 110 % de l'activité normale ; $\frac{2\ 200}{2\ 000}$ *x 100)*

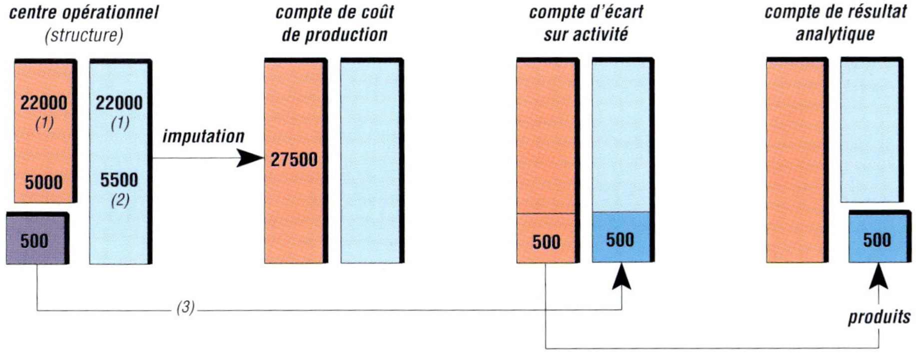

(1) charges variables : 2 200 pièces x 10 Francs = 22 000 Francs.
(2) charges de structure : 5 000 Francs x 1,10 = 5 500 Francs.
(3) boni (gain) : 5 000 – 5 500 = 500 Francs.

7 LES CESSIONS INTERNES

Les cessions sont des factures internes correspondant à des prestations effectuées à l'intérieur d'une entreprise, d'un centre à un autre. Elles ne donnent lieu à **aucune transaction monétaire** et n'ont **aucune influence sur le résultat global de l'entreprise**.

Les cessions internes ont pour but de faire apparaître les **vérités économiques**, de saisir les résultats là où ils sont générés et de connaître le coût réel (... le plus réel possible) d'activités ou de produits.

Le système des cessions internes ne peut fonctionner que dans une organisation à la fois décentralisée et coordonnée, avec des règles et des procédures précises.

C'est la valorisation des cessions, l'objet, le contenu et la fréquence qui peuvent faire des cessions internes un instrument de gestion efficace ou faire d'une entreprise un enfer anarchique ou un gâchis de temps et d'argent. En particulier, les cessions internes peuvent entraîner de fausses comparaisons entre des prix internes et externes et nuire à l'entreprise.

Il ne faut pas confondre les répartitions de coûts et de frais et les cessions.

Un système de cessions internes implique :
- qu'il y ait une unité « **clients** » et une unité « **fournisseurs** »,
- qu'il y ait une **prestation identifiée et identifiable**,
- qu'il existe des **règles, procédures et méthodes de valorisation**.

Une cession interne se justifie, par exemple, quand un centre en suractivité sous-traite à un autre centre un travail défini.

Un centre auxiliaire d'entretien ou de transport a souvent deux types d'activité :
- une **activité de croisière**(1), d'entretien général, d'entretien préventif (machines, ascenseurs, éclairage, sécurité, etc.) dont les coûts peuvent être répartis suivant des quantités de critères,
- une **activité ponctuelle** consistant à réparer un camion, à remettre en état de marche une machine, à rénover un bureau, etc. Dans ce cas, il y a une cession interne qui peut être établie d'après un devis interne permettant, éventuellement, de choisir une entreprise externe (à condition que le service entretien ne soit pas en sous-activité)(2).

La comparaison des prix internes et externes peut conduire à des stupidités car le fournisseur externe est libre et ne supporte pas toujours les mêmes coûts de structure ; par contre, il prend une marge. Si les cessions se font en coût direct, sans rien d'autre, le fournisseur extérieur sera souvent plus cher, même si le service entretien (ou transport ou autre) est saturé.

Certaines entreprises se mettent en concurrence avec les services internes des grandes entreprises en ne comptant que les coûts marginaux et un léger bénéfice. Ce peut être

(1) activité de croisière : tâches habituelles, renouvelables, obligatoires, régulières.
(2) quand un service interne est en sous-activité, le choix entre fournisseurs externes et internes ne se pose pas. Si le service interne est en permanence en sous-activité, c'est qu'il faut réduire sa structure.

astucieux... à condition que l'ensemble du chiffre d'affaires ne soit pas calculé seulement à partir des coûts marginaux.

Le système de cessions internes présente des avantages mais aussi des inconvénients qui sont surtout dus à une des règles de gestion déficientes.

avantages

- aide à déterminer la vérité des coûts et des marges,
- est un facteur de décisions (faire ou sous-traiter, développer une activité, embaucher),
- développe la responsabilité et l'esprit d'entreprise,
- apprend à gérer.

inconvénients

- fait passer l'intérêt particulier avant l'intérêt général,
- l'excès de zèle transforme tout le monde en comptable et en facturière,
- transforme l'entreprise en joueurs de « clients/fournisseurs » se prenant au sérieux,
- détériore les relations internes,
- fait prendre des décisions contraires à l'intérêt général (entretien, transports internes, sous-traitance).

Les cessions internes entre centres sont des documents donnant lieu à un débit dans un centre et un crédit dans un autre sans passer obligatoirement par des comptes de production.

Cependant, lorsque les cessions se font entre centres de rentabilité (unités décentralisées parfois éloignées de plusieurs centaines de kilomètres), il est souhaitable de passer par un compte de production (travaux ou prestations en cours).

La valorisation des cessions peut se faire de différentes façons et dépend, à la fois, des habitudes, du système de valorisation des coûts et des systèmes de comptabilité. Tous les systèmes présentent des avantages et des inconvénients.

Dans un système de cessions internes, il est essentiel que les marges et résultats ne fassent pas l'objet d'enjeux aussi stupides qu'inutiles. **Ce n'est pas parce que chacun croit « avoir roulé » l'autre que l'entreprise dégagera un résultat meilleur.**

Trois cas de prestations internes sont évoqués parmi des dizaines d'autres possibilités. Ces quelques cas illustrent la quasi-totalité des problèmes soulevés par les cessions internes.

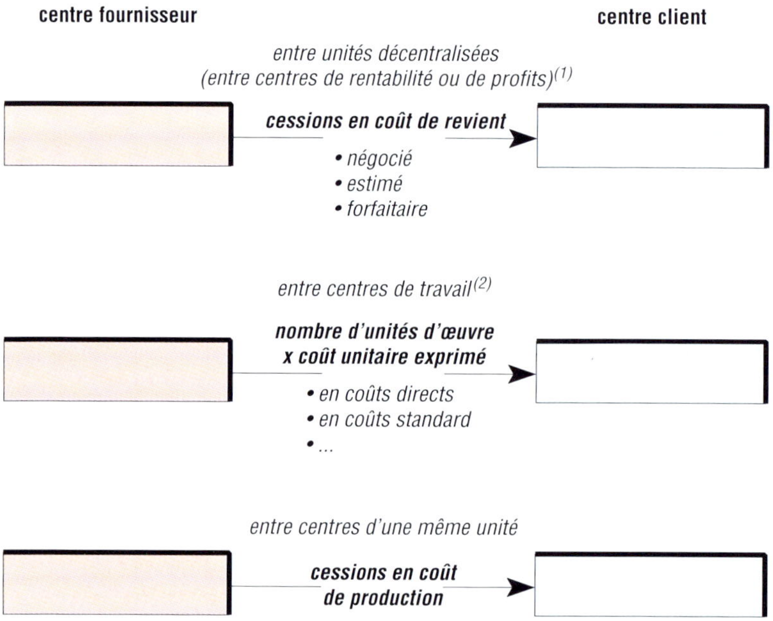

La valorisation des cessions internes peut s'exprimer de plusieurs façons dont la liste ci-dessous est limitée à l'essentiel, chaque système présentant des avantages et des inconvénients.

coûts réels sans devis ni estimation préalable	domaine de l'aléatoire et de l'incertitude, l'information parvient avec retard, trop tard
coûts standard	méthode souhaitable mais si le coût unitaire standard est bien déterminé, il faut aussi déterminer un nombre d'unités d'œuvre
coûts d'activité standard	les coûts de structure restent à la charge de l'unité fournisseur, l'unité cliente est avantagée
coût standard complet	ce système permet d'éponger des coûts de structure et de faire des comparaisons approximatives avec les prestations extérieures
prix de marché négocié	c'est un système parfait mais pour des prestations assez importantes et dans la mesure où il existe un prix de marché pour la prestation envisagée
en coût marginal	le client est très avantagé et le fournisseur ne perd rien, mais en général la cession en coût marginal ne porte que sur des prestations limitées.

(1) mêmes problèmes soulevés par des facturations classiques (avec TVA) entre les filiales d'un groupe.
(2) peut être souvent assimilé à une sous-traitance interne.

Le problème général posé par les cessions internes est celui de la **localisation des marges** et celui, plus psychologique, de ne pas avoir l'impression de travailler à perte au bénéfice des autres.

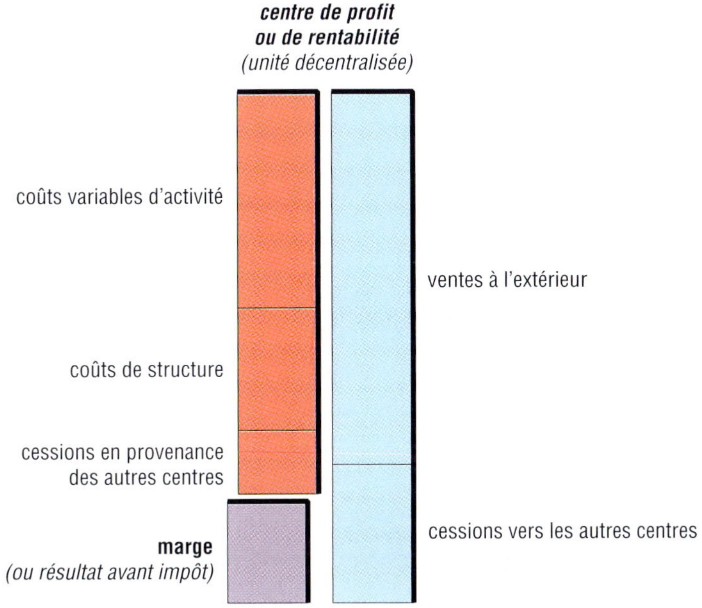

La marge est-elle due seulement aux ventes externes ou une part de marge est-elle due aux échanges d'activités internes ?

10 PHRASES...
4 ERREURS !

❶ On peut assimiler les heures payées et les heures produites en les valorisant au même taux.

❷ Une cession entre deux centres peut se faire en coûts de production.

❸ Le système de valorisation des stocks a une influence sur le résultat.

❹ Les méthodes LIFO, FIFO et CMP sont applicables essentiellement aux stocks aval.

❺ Les différences d'inventaires sont toujours des pertes.

❻ Les centres de travail imputent leur production à des comptes de production.

❼ Un abonnement est une répartition mensuelle de charges annuelles.

❽ Les en-cours représentent le solde des comptes de coûts de production à une date précise.

❾ Un prix standard peut être assimilé à un prix catalogue.

❿ Imputation rationnelle et imputation marginale ont le même sens.

commentaires page **144**.

4

les coûts

1 LA DÉFINITION D'UN COÛT

Un **coût total** représente l'accumulation des charges sur un centre, une fonction, une opération, une commande, une série, etc.

Le **coût unitaire** est un coût total divisé par une quantité. Un coût unitaire est un coût moyen.

un coût se définit par ...	• son objet, sa délimitation	• *activité* • *fonction* • *produit* • ...
	• son niveau	• *approvisionnement* • *production* • *distribution* • *administration* • *de revient* • ...
	• son moment de calcul	• *coût constaté : réel, historique* • *coût préétabli : standard, prévisionnel*
	• son contenu	• *complet* • *partiel* • *coûts : d'activité, marginal* • ...

1.1 La délimitation

les coûts peuvent être calculés...	• *par fonction (achats, administration, personnel, etc.)* • *par responsabilité* • *par produit ou service (ou type de produits ou de services)* • *par client ou groupe de clients* • *par affaire ou marché* • *par fournisseur* • *par opération* • *par espace géographique* • *par réseau commercial* • *etc.*

1.2 Le niveau

Le schéma ci-dessous peut être interprété comme unitaire se rapportant à un objet ou, au contraire, à la totalité des charges et produits de l'entreprise.

Le niveau d'un coût implique le niveau d'une marge.

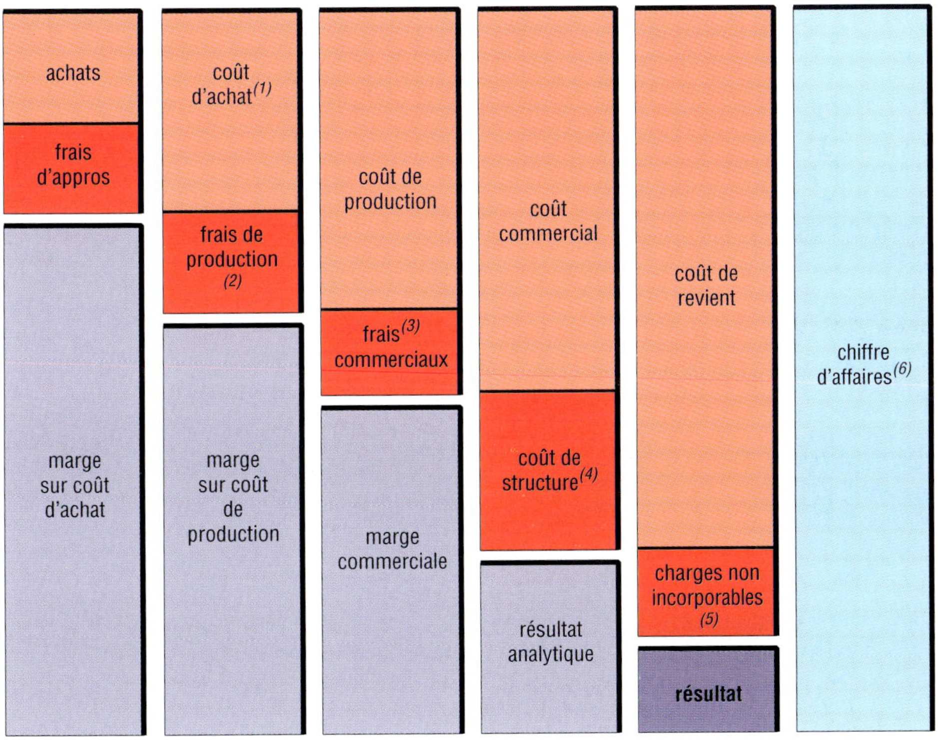

(1) *ou coût de produits approvisionnés.*
(2) *ou coût ajouté.*
(3) *ou coût de distribution.*
(4) *appelé souvent coût du siège ou coût d'administration.*
(5) *le résultat financier, le résultat exceptionnel, l'impôt sur les bénéfices, etc.*
(6) *ou prix unitaire de vente si l'ensemble du schéma est rapporté à un objet (ou groupe homogène d'objets) ou à un service (ou groupe homogène de services).*

1.3 Le moment de calcul

Un coût réel ou historique ne comprend que des charges réelles constatées par la comptabilité.
Un coût prévisionnel est une estimation pour l'avenir.
Un coût est dit standard lorsque ses constituants ont été calculés en fonction d'une norme préétablie. Il permet alors de dégager des **écarts par rapport au coût réel** qui sont autant d'indicateurs de gestion.

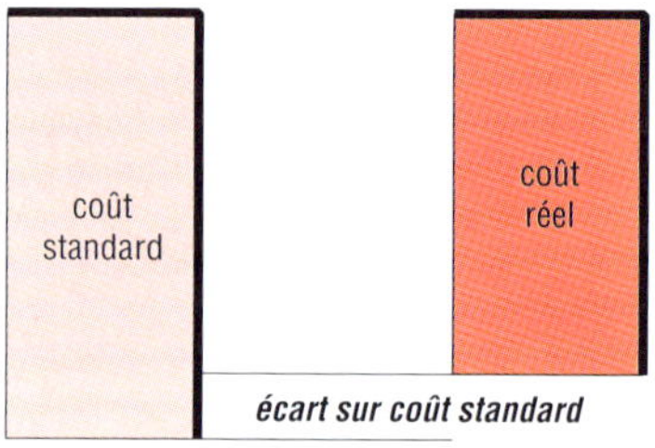

On utilise des coûts standard pour les imputations aux comptes de production et pour valoriser des produits ou des services[1]. Lorsque la valorisation n'est pas possible avec des unités d'œuvre, on remplace les coûts préétablis par des budgets pour les centres ou par le coût prévisionnel de revient d'un devis pour les marchés (produits complexes).

1.4 Le contenu

Un coût est **complet** si toutes les charges (en particulier, les charges de structure directes ou indirectes) ont été réparties et imputées au produit ou au service.
Un coût est **partiel** lorsqu'une partie seulement des charges a été imputée au produit ou au service.

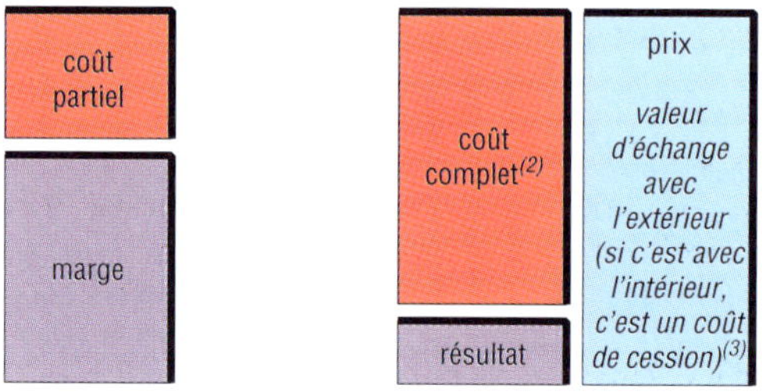

(1) *la notion de prix standard (prix de vente) correspond aux prix d'un catalogue.*
(2) *si l'on s'en tient à la théorie, il n'y a qu'un coût complet : c'est le coût de revient des ventes. Cependant, dans la pratique, on parle de coûts complets à certains niveaux, en particulier on dit « coût complet de production » surtout quand il s'agit d'un coût qui sert à valoriser un poste de bilan tel que les stocks aval ou la production immobilisée.*
(3) *le terme de « coût de cession » (terminologie « rationnelle ») est peu utilisé, le terme de « prix de cession » étant encore largement utilisé.*

1.5 La classification

On peut établir une classification des coûts suivant cinq critères principaux.

La plupart des coûts sont définis par un, deux ou trois critères.

Le choix d'un système de valorisation des coûts dépend pour l'essentiel :
- de la **complexité** de la réalisation du produit ou du service,
- du **niveau de responsabilité** auquel est destinée l'information,
- de la **rapidité** exigée de l'information.

niveau d'information	niveau d'élaboration	moment	méthode	contenu
unitaire total	achat production distribution coût de revient	préétabli(1) standard(1) réel(2)	direct indirect variable(3) fixe(4) spécifique(5)	partiel complet(6)

(1) *un **coût préétabli** est une prévision s'appuyant soit sur des statistiques, soit sur des estimations. Si cette prévision se réfère à une **norme** de réalisation dans des conditions d'activité bien déterminées, ce coût préétabli est appelé « **standard** ».*

(2) *un coût est **réel** lorsqu'il est la conséquence d'enregistrement en comptabilité d'événements réels ayant donné lieu à des réalisations réelles (et non estimées). De tels coûts sont souvent très précis mais ne sont connus qu'avec un délai souvent incompatible avec la rapidité de décisions exigée pour une bonne gestion. L'attente d'un coût réel peut entraîner des retards considérables du fait même qu'il faille les attendre pour valoriser les opérations suivantes.*
*Un coût **historique** est un coût réel connu avec retard mais qui n'a pas empêché le processus de coût standard ou préétabli d'avoir été adopté.*

(3) *ou coût d'activité.*

(4) *ou coût de structure.*

(5) *un coût **variable** est lié à l'activité. Un coût **spécifique** est lié à l'activité et à la structure correspondante.*

(6) *un coût peut être calculé à un stade intermédiaire de réalisation d'un produit ou d'un service. Par exemple, on peut avoir un **coût complet de production** (qui n'est pas le stade final, puisqu'il y a encore des coûts de distribution avant le stade final). Un **coût de revient** est, en principe, complet puisqu'il représente le stade final de réalisation ; cependant, on peut aussi avoir un **coût partiel** si, par exemple, certaines charges de structure communes à tous les produits ou activités ne sont pas incorporées aux comptes de coûts de production mais directement et globalement imputées au compte de résultat analytique.*

1.6 Coût partiel et coût complet

Qu'il soit unitaire ou global, un coût peut être partiel ou complet. Or, dans la pratique, on n'ajoute que bien rarement le qualificatif de complet ou de partiel après un coût car il s'agit d'une classification théorique sans grand intérêt.

Certains estiment qu'il n'y a qu'un coût complet : c'est le coût de revient au moment de la facturation au client, c'est-à-dire quand une part du coût global de la structure générale de l'entreprise a été prise en compte. Ceci est un faux débat car on ne s'occupe du coût de revient (complet) d'une vente que par répartition du coût de structure pour déterminer les marges.

Les coûts de main-d'œuvre, de matières, d'achats, etc. sont des coûts partiels mais certains disent que le coût d'achat est complet dès qu'on a imputé à un achat une part des frais sur matières. Or, on ne parle jamais du coût d'achat partiel et du coût d'achat total ou complet.

Un coût de main-d'œuvre ou un coût de matière est « plus ou moins partiel ou complet » suivant les systèmes de comptabilité analytique adoptés. Il faut définir le niveau de coût dans le recueil des procédures de l'entreprise et, ensuite, l'adopter dans le langage maison... ce qui n'empêche pas de connaître la théorie.

	coût partiel	**coût complet à un niveau de coût**	**coût complet**
coût d'achat coût matières coût de main-d'œuvre coût des centres coût de production coût d'études et de recherches coûts de distribution	sans charges ou coûts de structure sans charges ou coûts indirects	avec un niveau de coûts de structure incorporés avec un niveau de coûts indirects incorporés	
production stockée production immobilisée		coût complet de production (en fonction du système adopté)	
coût de revient			au stade final, au moment de la livraison (ou facturation)

1.7 Coût global et coût unitaire

Tous les coûts peuvent être exprimés au singulier ou au pluriel et, cependant, dans le langage courant, certains néophytes ont quelques difficultés à percevoir la différence.

Un coût unitaire ne peut être calculé que par division d'un ensemble de coûts par une unité de mesure (objet ou unité de mesure physique ou de temps) ou par une étude théorique du bureau des méthodes.

Il ne faut pas confondre les coûts unitaires (pluriel) avec l'ensemble des coûts (singulier).

Un coût unitaire est, par exemple, le total des charges d'un centre de travail ou le coût total de son activité divisé par le nombre d'unités d'œuvre (par exemple, des heures) qu'il est en mesure de produire, qu'il a produit ou qu'il a imputé à un compte de production (ce qui représente trois « diviseurs » qui n'ont pas le même sens).

Le coût de production d'un objet représente le total des coûts imputés à un compte de production divisé par les quantités produites (objet, service, fluide, etc.).

Il y a des coûts unitaires impossibles à calculer : par exemple, le coût (au singulier) d'un service juridique car aucun diviseur n'aurait vraiment de sens (le nombre d'affaires traitées n'étant ni de même nature ni de même importance n'aurait aucune signification). Cependant, on parlera du coût (au singulier) du service juridique alors qu'on devrait dire « le coût total du service juridique ».

C'est effectivement le contexte qui fait qu'on suppose que le coût exprimé est unitaire ou global.

2 LES CATÉGORIES DE COÛTS

Un coût est un regroupement de charges, ce qui sous-entend qu'il y a théoriquement une infinité de façons de regrouper des charges étant donnée la diversité des charges.

La façon d'opérer ces regroupements dépend de quelques facteurs :

- les **entreprises**, suivant leurs spécificités, peuvent **choisir librement** une méthode répondant au mieux à leurs besoins de gestion,
- le **plan comptable** définit un certain nombre de méthodes pour que les entreprises aient un langage commun si elles souhaitent adopter l'une de ces méthodes.

Les coûts suivants sont décrits dans ce chapitre :

- les coûts **réels** dits, parfois, historiques,
- les coûts préétablis qui sont essentiellement des coûts **standard**,
- les coûts **directs** et indirects,
- les coûts **variables** et les coûts fixes,
- le coût de **revient**.

Trois catégories de coûts terminent ce chapitre :

- le coût **marginal**,
- les coûts **cachés**,
- les coûts pertinents ou **différentiels**.

2.1 Les coûts réels (ou historiques)

Les coûts réels, dits historiques, sont ceux qui sont enregistrés, comptabilisés, regroupés et traités au centime près au fur et à mesure des faits. Il s'agit d'une comptabilité du passé (comme en comptabilité générale) même si ce passé est récent.

Les coûts réels ont l'inconvénient majeur d'être connus avec un **retard incompatible avec les décisions à prendre** pour rester dans la trajectoire des objectifs. L'évolution de l'informatique a tendance à accélérer sensiblement les lenteurs de la plume d'oie mais certaines opérations annuelles ou saisonnières (chauffage, assurances, loyers, etc.) enregistrées en temps réel – et non étalées par abonnements – ne sont pas compatibles avec les exigences de la gestion.

De ce fait, la comptabilité analytique comporte les unités d'œuvre en temps réel car il est relativement **facile et rapide de compter des heures, des kilomètres, des objets ou des bons de sortie matières** mais les gestionnaires utilisent des coûts unitaires standard pour ne pas avoir à attendre la réalité des faits pour valoriser la production.

La comptabilité analytique est – pendant l'exercice – une comptabilité approchée avec plus ou moins de précision, le rétablissement entre les estimations et la réalité se faisant une fois par an après la clôture de l'exercice par l'intermédiaire de comptes d'écarts qui doivent rester d'un montant le plus faible possible.

2.2 Les coûts standard (ou préétablis)

Un coût standard (un coût préétabli) est calculé dans des conditions de production idéales ou normatives à partir de temps et de consommations bien définis.

Cette méthode présente les avantages suivants :

- elle met en valeur des **écarts** à tous les niveaux où ils se produisent, ce qui permet d'entreprendre des actions correctives : la comptabilisation se fait en fonction des quantités réelles produites x le coût préétabli (ou standard) ;
- elle évite une analyse détaillée de tous les postes pour se concentrer sur les **écarts significatifs** ;
- elle **simplifie** certaines opérations d'enregistrement, en particulier, dans la tenue des comptes de coût (en cours) et de stocks ;
- elle permet une **comptabilisation rapide** des faits et permet aux responsables d'être informés rapidement, ce qui est indispensable surtout dans les entreprises à cycles de fabrication courts.

Des standards(1) peuvent être établis pour tous les coûts, taux de frais ou unités d'œuvre. Il y a ainsi des **temps standard** pour accomplir une tâche déterminée, une **consommation standard** de matière première, un **prix standard** de cette matière, un **taux horaire standard** de la main-d'œuvre directe, un taux horaire standard (détaillé ou global) et un **coût standard** de l'unité d'œuvre des sections, etc.(2).

Plusieurs techniques peuvent être utilisées pour déterminer les standards :

- à partir des coûts réels de la période précédente en particulier pour les charges directes,
- à partir d'une analyse précise des opérations en temps et en consommations standard déterminés par le service des méthodes (produits ou services) ou par des études statistiques ou par des analyses ponctuelles,
- à partir d'un budget d'exploitation prévisionnel établi pour une période déterminée.

Les standards doivent être révisés dès qu'ils s'éloignent de façon importante et permanente du réel. En effet, s'agissant de **dégager des écarts significatifs** pour la gestion, il faut éviter de perpétuer des écarts nombreux sur lesquels il est impossible d'agir. Il y a lieu de ne pas réviser les standards trop fréquemment, d'abord parce que le travail de révision est souvent long et coûte cher, ensuite parce que des révisions trop fréquentes empêchent d'analyser facilement l'évolution des écarts.

En dehors des périodes d'inflation galopante devenues rares, une révision annuelle des standards semble convenir le mieux dans la plupart des cas.

(1) *en réalité, les coûts standard sont des coûts approchés ou budgétés. Un coût standard doit normalement faire l'objet d'études techniques préalables mettant en cause les méthodes de fabrication et le choix des investissements nécessaires à la réalisation d'un produit ou d'un service dès qu'il en est au stade de l'étude ou de prototype.*

(2) *il y a, aussi, des* ***prix de vente standard*** *– ou prix catalogue – ou prix de référence.*

la comptabilisation des écarts

Deux méthodes, parmi beaucoup d'autres, permettent de comptabiliser les coûts standard et les écarts :

❶ La méthode la plus rationnelle consiste à comptabiliser en coût standard tous les mouvements :

- des **centres de structure aux centres opérationnels** : les écarts entre les charges réelles et les charges réparties à l'aide des standards sont des écarts sur budget du centre de structure ;
- des **centres opérationnels** entre eux ou des centres opérationnels vers les **comptes de coûts de production** (taux et quantités standard) ;
- des **comptes de coûts de production aux comptes de stocks** de produits finis (coût de production standard) ou aux comptes de coûts de revient directement (affaires sur devis réalisés à l'unité).

Ce système permet de dégager les écarts au stade où ils se produisent mais il est, parfois, assez lourd.

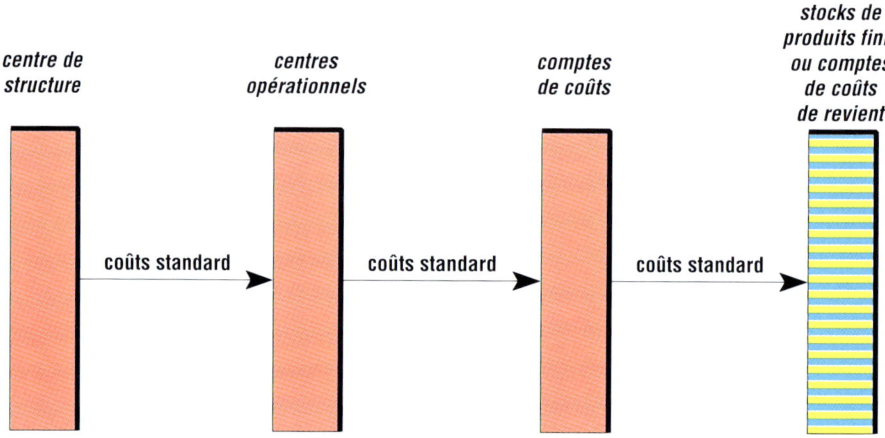

avantages	:	→ localisation des écarts, → rapidité de la comptabilisation.
inconvénients	:	→ système parfois lourd par le volume des écarts.

❷ Une méthode plus simple consiste à enregistrer les coût réels dans les comptes de coûts de production (comptes de travaux en cours) et à effectuer les entrées en stocks de produits finis aux coûts standard. Cette formule ne dégage que l'écart global sur coût ; elle implique le calcul du coût réel de chaque produit. Cette méthode peut être adoptée dans de petites entreprises dont la production est peu diversifiée.

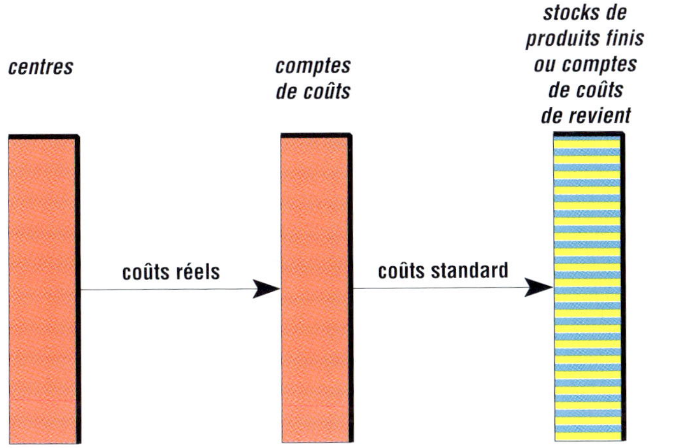

avantages	:	→ écart global facile à établir.
inconvénients	:	→ lenteur de la comptabilité en coûts réels.

sigles des schémas des pages 90 et 91

		réel	standard
prix	P	Pr	Ps
quantité consommée	Q	Qr	Qs
temps de production	T	Tr	Ts
temps standard unitaire			Tsu
taux de main-d'œuvre	tx	txr	txs
charges variables	CV		
charges variables unitaires	Cvu		
charges fixes	Cs		
charges fixes unitaires	Csu		
charges totales	CT	Ctr	
budget standard			Bs
budget flexible			Bf
boni	B		
mali	M		

❶ *comptabilisation des mouvements*

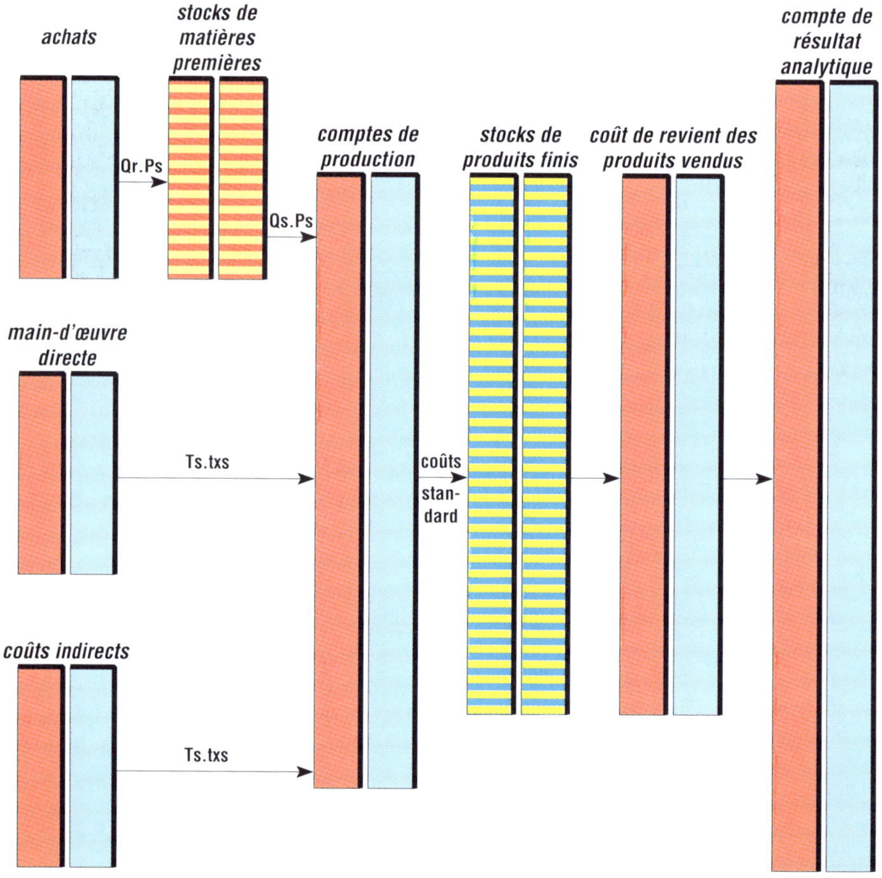

❷ *comptabilisation des écarts*

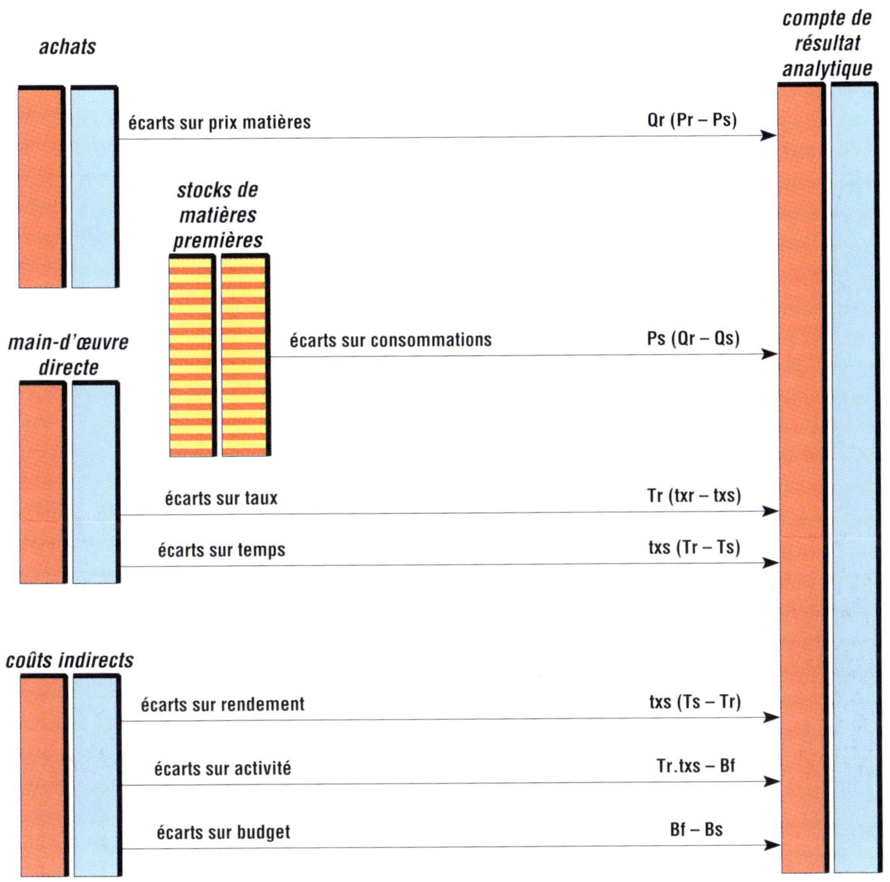

2.3 Les coûts directs et les coûts indirects

Les charges ou **coûts directs** dits aussi **spécifiques** sont celles qu'il est possible d'attribuer (d'affecter) à une activité sinon même à une production. Il en est généralement ainsi des charges d'achat et de personnel.

Sont qualifiées d'**indirectes** dites aussi **communes**, les charges qui ne peuvent être affectées à une activité ou être imputées à une production déterminée. On peut citer à cet égard les charges et les coûts d'administration générale, des méthodes, d'entretien, etc.

	directes *(spécifiques)*	indirectes *(communes)*
variables *liées à l'activité*	matières	entretien
fixes *liées à la structure*	amortissements	salaires du PDG

Les exemples ci-dessus peuvent paraître simples et sans ambiguïté. Cependant... un contrat d'entretien forfaitaire par une entreprise extérieure peut constituer une charge fixe et spécifique.

Le salaire d'un cadre supérieur (très rarement un PDG) affecté à temps complet pour une période définie sur un seul marché peut être un coût direct imputé à un compte de production.

L'amortissement d'une machine peut être un coût indirect si la machine est utilisée pour différents produits ou pour différents centres d'activité : l'amortissement direct (en comptabilité analytique) est une sorte de location en fonction du temps d'utilisation.

Les notions de coût direct et de coût variable ne sont pas liées systématiquement, pas plus que les notions de coût indirect et de coût de structure.

La méthode des coûts directs pose un certain nombre de problèmes :

- les charges sont directement **affectées à un centre ou à un compte de production**.
- il faut distinguer les charges directes en définissant le terme « direct » **par rapport à quoi, à qui, à quel stade**,
- il ne faut pas confondre charges directes affectées (à un centre, par exemple) et **coût direct** (par exemple, d'un centre à un compte de coûts),
- il faut, parfois, se poser des questions sur la répartition entre « direct » et « indirect ». Ainsi, certaines charges peuvent être ou directes ou indirectes (fluides, amortissements, publicité, etc.). Il y a là un problème d'information à résoudre dans le cadre des procédures.

Il est particulièrement difficile sinon même impossible d'adopter simultanément la méthode du coût direct et la méthode des coûts variables, les deux notions ne se recoupant pas comme le montre le mini-tableau.

2.4 Les coûts fixes et les coûts variables

Les coûts de structure regroupent les **charges liées à la structure** dites également « **fixes** ». Ils évoluent peu sur une courte période lorsque l'activité varie entre des limites plus ou moins étroites selon le type d'entreprise. Au-delà d'une certaine limite, ils augmentent **par paliers**, soit qu'il faille acquérir un outillage, soit qu'il faille recruter du personnel d'encadrement, soit pour bien d'autres raisons modifiant la structure.

Les coûts **variables** ou d'activité qui regroupent les **charges d'activité** varient avec le volume de la production ou des ventes. La liaison existant entre l'activité et les charges d'activité peut se modifier selon le niveau d'activité. Ces charges sont donc variables en fonction de l'activité. On les appelle aussi charges **opérationnelles**. Elles ne sont pas systématiquement proportionnelles à l'activité.

La distinction entre les charges variables (d'activité) et les charges fixes (de structure) est à la base du modèle économique du seuil de rentabilité utilisé en gestion budgétaire. **Il s'agit plus d'une notion économique que d'un système comptable.** La distinction des coûts variables et des coûts liés à la structure est très utile dans des unités ou centres dans lesquels on peut :

- **mesurer l'activité,**
- **distinguer ce qui ressort de la variabilité ou de la fixité.**

Le dernier point devient de plus en plus **difficile à appréhender**, une quantité d'actions, de faits et de flux pouvant être affectés dans l'une ou l'autre catégorie. Peut-on dire qu'un contremaître est une charge fixe et un ouvrier, une charge variable... ? Les campagnes de publicité plus ou moins répétitives mélangées à des campagnes de promotion de la marque et des produits... fixes ou variables ?

De plus, il y a un niveau où une telle distinction n'a plus de sens autre que théorique. Une multinationale à productions complexes et imbriquées ne peut plus séparer les coûts variables ou non. Dans certains cas, l'évolution est trop rapide.

Cette distinction est cependant intéressante même si, en fait, les seuls charges et coûts variables sont les matières, les commissions des représentants et la sous-traitance sous ses multiples formes, y compris le personnel intérimaire.

La distinction entre les coûts de structure et les coûts variables peut se faire à plusieurs niveaux :

- les centres opérationnels (principaux et auxiliaires),
- la plupart des unités petites ou grandes dites décentralisées (centres de profits ou de rentabilité),
- toutes catégories d'activité ou d'entreprise,
- le compte de résultat analytique.

LES MOTS IDENTIQUES... ou presque

coûts d'activité coûts variables coûts opérationnels	coûts fixes coûts de structure	seuil de rentabilité point mort point zéro point d'équilibre point critique

On trouve des coûts de structure à tous les niveaux : siège et unités décentralisées, que ce soit des centres de rentabilité, des centres de profits ou, même parfois, des centres de travail.

Les coûts de structure des sièges et des administrations centrales sont souvent répartis en pourcentages de chiffre d'affaires dans les comptes de coûts de revient. On les qualifie de « frais de siège » ou, parfois, de « frais généraux » terme qui n'a pas d'existence légale.

Il n'y a pas de règles précises quant à l'affectation et à la répartition des coûts de structure.

Le tableau ci-contre est beaucoup plus un thème de réflexion qu'une règle intangible. Il ne comporte que quatre niveaux alors qu'il peut en exister beaucoup plus (ou moins dans les petites entreprises).

D'une façon générale :

- les coûts de structure d'un centre de travail sont **imputés aux coûts de production** par l'intermédiaire des unités d'œuvre produites ;
- les coûts de structure des autres centres sont imputés, la plupart du temps, directement aux **comptes de coûts de revient des ventes**.

Le terme « coûts hors production » regroupe, souvent, les frais du siège (coûts de structure) et – parfois – les coûts de distribution ainsi que les frais d'études et de développement. Le terme de « coût de structure global » désigne les **frais du siège**.

Les coûts de structure soulèvent les problèmes suivants :

- est-il utile de les **répartir** ? et jusqu'à quel niveau ?
- quel est le **contenu** réel des coûts de structure ? (répartition entre coût d'activité, coût de structure ou... ni l'un ni l'autre) ;
- sur quels charges ou coûts de structures le responsable d'un centre peut-il agir ? doit-on imputer ces charges à son centre s'il ne peut rien en faire ?
- quelle est la partie, la **« dose » de structure qui doit être incorporée** aux coûts de production et aux stocks aval ? La même question est à se poser pour la production immobilisée.

❶ à quel niveau imputer la structure ? → ❷ ces charges sont-elles... toujours de la structure ? parfois des charges d'activité ? ou... ni l'un ni l'autre ↓	**centres de travail** *(ou, même, section)*	**centres de profit** *(unités de gestion, départements, agences,...)*	**centres de rentabilité** *(unités dites décentralisées, divisions, agences régionales,...)*	**entreprises** *(siège et administration centrale)*
charges fluides amortissements provisions taxes et impôts ...				
services centraux recherches[(1)] sécurité informatique[(2)] comptabilité juridique[(3)] ...				
directions fonctionnelles finance marketing commercial personnel ...				
direction générale et présidence				

(1) qualifiée, parfois, « d'études générales », c'est-à-dire celles qui ne peuvent se rattacher à un produit ou à un service déterminé, ou dont on ne voit pas – dans l'état actuel – de possibilité d'amortissement, ou qui ne se rapportent pas à un marché actuellement défini. Ce serait, par exemple, le cas de recherches fondamentales ou d'une sorte de veille technologique ou macro-économique.

(2) parfois, ce service fait l'objet de répartitions fort complexes ou, même, de cessions internes. Il y a, aussi, des services informatiques centraux qui travaillent en direct avec l'extérieur.

(3) parfois, une partie de l'activité est facturée en cessions internes aux unités qui demandent la résolution de cas particuliers.

La méthode des coûts variables est séduisante et particulièrement utile en gestion budgétaire. Dans ses multiples déclinaisons, le seuil de rentabilité est un modèle économique engendrant de nombreuses décisions mais il soulève des difficultés pratiques.

Un certain nombre de coûts sont **difficilement affectables** (tout au moins en partie) soit à la structure (fixes), soit à l'activité (variables). Ainsi, les frais et coûts de publicité, de recherche, d'enquêtes, de formation, de conseils, de communication en tout genre, etc. ne sont ni liés à l'activité ni liés à la structure sans ambiguïté. On qualifie ces charges et coûts de « **modulables** » ou de « **discrétionnaires** » suivant certains auteurs.

On peut représenter le seuil de rentabilité de la façon suivante.

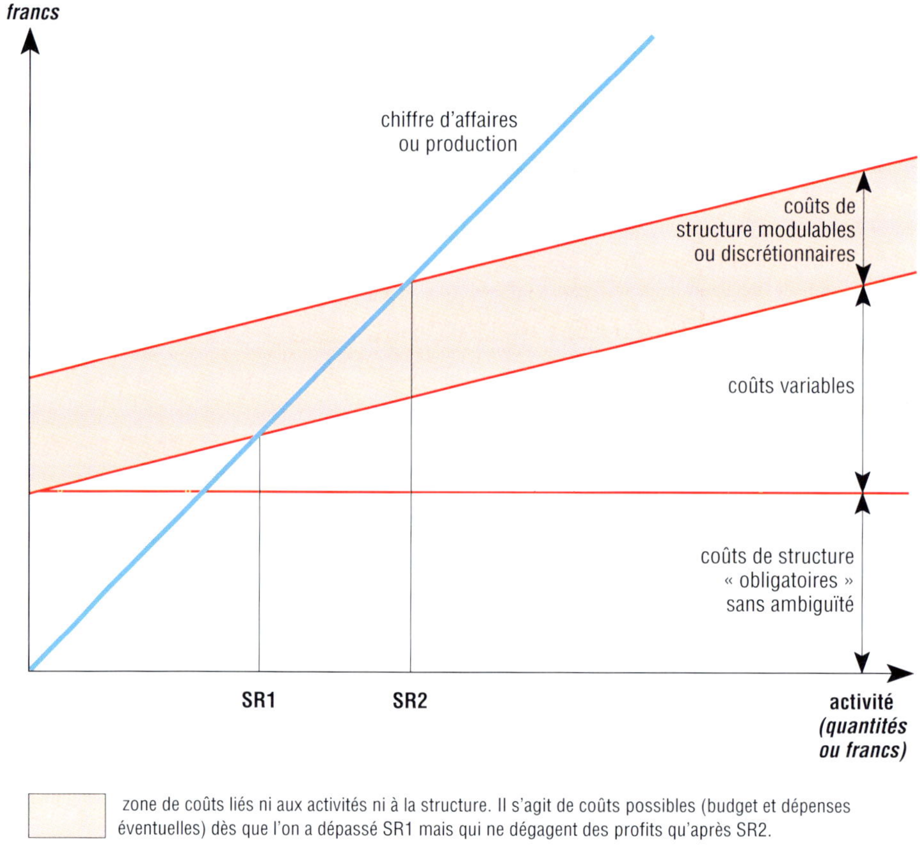

zone de coûts liés ni aux activités ni à la structure. Il s'agit de coûts possibles (budget et dépenses éventuelles) dès que l'on a dépassé SR1 mais qui ne dégagent des profits qu'après SR2.

comparaisons entre les différents systèmes de coûts

	avantages	inconvénients
coûts directs	• localisation des responsabilités sans ambiguïté, • comptabilisation facile et rapide, • exploitation facile au niveau d'un centre.	• déterminer le coût direct par rapport à qui, à quoi, à quel stade d'élaboration des coûts, • sous-estimation de la valeur des stocks aval en coûts de production.
coûts variables	• permet de déterminer le seuil d'activité au-dessous duquel il est interdit de se trouver, • facilite l'approche économique et budgétaire.	• incompatible avec les coûts directs au niveau des centres, • difficultés de différenciation « activité/structure », • sous-estimation des stocks aval en coûts de production.
coûts complets	• facilite les décisions : – sur l'investissement – sur la concurrence, • cohérence avec les devis	• entraîne une certaine lenteur (d'où standards), • valorisation correcte des stocks aval en coûts de production, • nécessite des répartitions, des clés, à plusieurs stades.
imputation rationnelle	• régule les coûts et les stocks, • indicateur intéressant pour les commerçants, • régule les prix et les résultats.	• applications limitées (inopérant dans la plupart des services).

2.5 Le coût marginal

Le coût marginal est le montant des charges nécessaires pour fabriquer une unité supplémentaire. Ce coût comprend :

- le coût variable (ou d'activité) nécessaire pour produire une unité en plus (ou en moins)(1),
- les coûts de structure nécessaires à la réalisation de cette unité (ou à retrancher s'il s'agit d'une unité en moins)(2).

L'estimation du coût marginal s'effectue à partir de données comptables prévisionnelles ou à partir de données comptables constatées.

Dans toute étude relative au coût marginal, il est indispensable de faire figurer simultanément :

- le **coût marginal**,
- le **volume auquel il se rapporte**,
- le **coût unitaire moyen correspondant**.

L'approche du coût marginal par les coûts directs et indirects est possible mais moins rationnelle.

exemple de calcul de coût marginal

quantités d'objets à réaliser	Q	1	2	3	4	5	6	7	8	9	10
● coûts variables	(CV)	1,5	2,8	4,0	5,1	6,0	6,8	7,5	7,9	8,3	8,6
● coûts de structure	(CS)	6,0	6,0	6,0	6,0	6,0	6,0	6,0	10,0	10,0	10,0
● coûts totaux	(CV + CS)	7,5	8,8	10,0	11,1	12,0	12,8	13,5	17,9	18,3	18,6
● coûts marginaux	(CM)		1,3 (3)	1,2 (3)	1,1	0,9	0,8	0,7	4,4	0,4	0,3

L'inverse du coût marginal est le **revenu marginal**.

C'est le revenu procuré par la vente d'une unité supplémentaire sans que les coûts de structure n'augmentent, l'unité supplémentaire n'étant prise en compte que lorsque l'objectif de marge est atteint ou dépassé. Un revenu marginal est celui procuré à la SNCF par le client qui voyage debout, toutes les places assises étant occupées.

Le revenu marginal est particulièrement important car c'est le meilleur générateur de profit.

De plus, il arrive, parfois, que le revenu marginal soit plus élevé en pratique qu'en théorie car le supplément de coût variable est lui-même très faible par rapport à l'activité normale. C'est le cas, par exemple, des soldes dans le commerce.

(1) par exemple, ce serait le cas si la SNCF était obligée d'ajouter une voiture supplémentaire entre Paris et Nice pour transporter un voyageur supplémentaire.

(2) c'est ce que fait une compagnie d'aviation qui annule parfois un avion lorsque les réservations sont inférieures à 10 % de la capacité d'occupation.

(3) 8,8 – 7,5 = 1,3 ; 10,0 – 8,8 = 1,2... etc.

2.6 Le coût de revient

La notion de coût de revient est **attachée au stade final** de la réalisation d'un bien ou d'un service.

On distingue quatre coûts de revient :
- le coût de revient des produits finis,
- le coût de revient de la production immobilisée,
- le coût de revient des études et recherches à amortir,
- le coût de revient des ventes.

Seul le coût de revient des ventes est un « **coût intégralement complet** » qui inclut les coûts de distribution et les coûts de structure globale de l'entreprise.

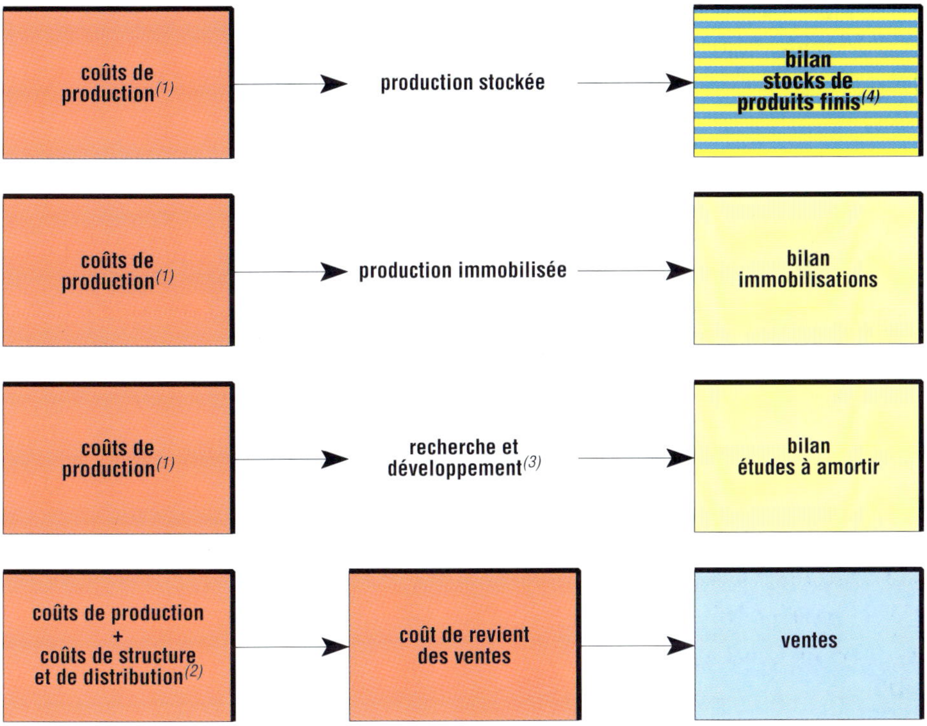

(1) les coûts de production peuvent comporter une part de coûts de structure, en particulier ceux liés à la production et aux approvisionnements ou ceux liés à un regroupement de centres de travail (sections).

(2) ces coûts sont répartis suivant des unités propres à l'entreprise (voir coûts de distribution et de structure, pages 102 et 105).

(3) ne vont au bilan que les coûts que l'on est certain de pouvoir amortir en des produits ou activités commerciales.

(4) en fin d'exercice, les comptes de production non soldés représentent les en-cours (stock aval).

2.7 Les coûts cachés

Tout système comptable s'appuie sur des données chiffrées valorisant des flux et des faits.

Par contre, aucun système ne permet de calculer certains « **non faits** » ou les conséquences de certains faits. Par exemple, quel est le coût réel d'une grève de transport en commun quand on calcule le coût d'un service de comptabilité d'une entreprise ? quel est le coût d'une grève de chemin de fer ou de métro pour un hypermarché ou le coût réel de l'absence pour maladie (réelle) d'un collaborateur ou d'un cadre ?

On peut, à la rigueur et sans établir une corrélation chiffrée, constater dans le temps (un jour ou un an au plus) l'évolution des coûts ou des résultats (marge à divers niveaux) sans jamais pouvoir établir avec certitude et précision les relations de causes à effet.

Un commerçant en difficulté démontrera facilement que sa mort professionnelle vient de la grève des autobus sur sa ligne tandis qu'un autre admettra qu'il a profité de la grève pour repeindre sa boutique et que les clients sont venus acheter après la grève ce qu'ils auraient acheté dans la période troublée.

Le problème des coûts cachés et de leurs conséquences est réel et **ne peut se traiter que théoriquement par des statistiques et des études ponctuelles** mais pas par la comptabilité analytique. En gestion budgétaire, les coûts cachés peuvent être une explication d'un écart... sous forme d'hypothèses plus ou moins certaines et pertinentes.

2.8 Les coûts pertinents et différentiels

✓ Un coût pertinent est un coût prévisionnel calculé en **fonction de décisions à prendre**. C'est une **notion économique** qui consiste à comparer la solution sous l'angle de la rentabilité la plus favorable. La formule – très théorique – est celle-ci :

$$\frac{\text{économies réalisables + gains espérés d'une situation future (x 100)}}{\text{situation actuelle}}$$

$$+ \text{ estimations informelles d'avantages et d'inconvénients}$$

C'est un coût différentiel entre une situation actuelle et une situation espérée, future.

Le coût pertinent doit prendre en compte la rentabilité – même approchée – de la solution mais, aussi, la facilitation, la rapidité et la rationalité face aux objectifs à atteindre.

✓ Un coût différentiel est l'écart, la différence, entre les coûts d'un objet ou d'une prestation établis dans des **circonstances différentes**.

Le calcul de ces coûts prévisionnels est utile pour choisir la solution la plus économique et rationnelle possible ou pour pouvoir établir des comparaisons entre centres. Un coût différentiel peut être recherché pour l'harmonisation de produits ou de processus nouveaux.

Un coût différentiel doit être pertinent par rapport aux possibilités techniques et commerciales, aux politiques et à l'organisation de l'entreprise.

Les études de coûts différentiels aboutissent **à faire des choix** :

- choisir une **méthode** (coûts complets, coûts partiels, autres systèmes),
- choix du niveau de répartition des **coûts de structure** : au niveau des centres, des coûts de production, des coûts de revient,
- choix du système de **gestion budgétaire** : comptabilité analytique en coûts réels ou en coûts et prix standard,
- choix d'un système **informatique** et de communication : programmes, logiciels, matériels,
- choix du niveau, de la précision et de la localisation des **saisies** : au franc, au centime, à l'heure ou centième d'heure dans chaque site ou centralisé,
- choix entre faire et **sous-traiter**,
- choix entre **développer** ou supprimer un produit, une activité, un site,
- choix entre **investir** ou abandonner.

Toutes ces décisions simulées sur ordinateur – en plus de l'analyse de la concurrence – ont des incidences sur les marges.

L'utilisation des notions de coût différentiel et de coût pertinent **doit générer du profit**.

3 LES COÛTS PAR FONCTION

Toute entreprise comporte trois fonctions essentielles et une quatrième dans certaines entreprises : la fonction recherches et développement qui pose des problèmes de gestion.

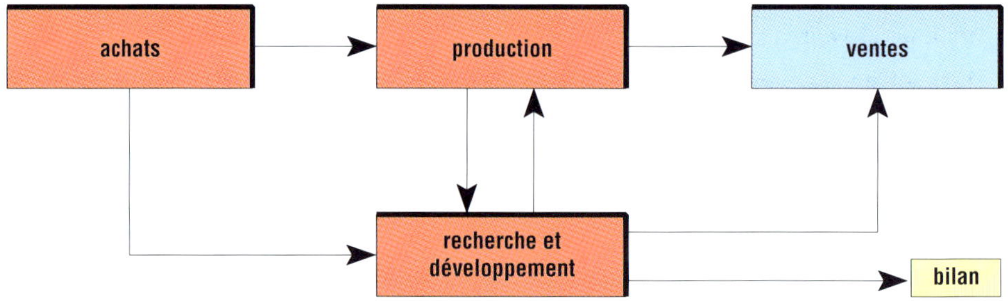

ce schéma peut être complété de la façon suivante

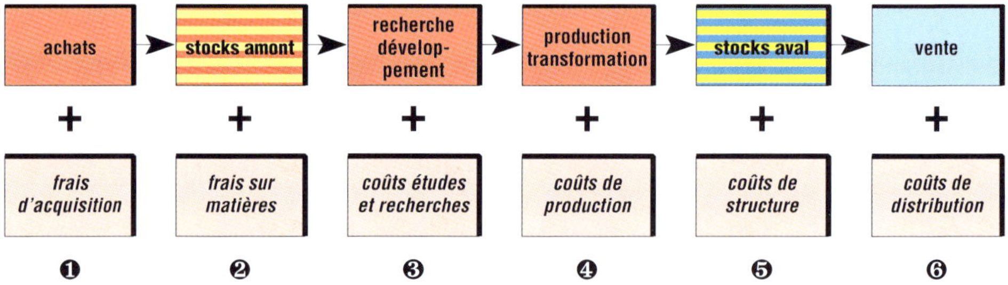

❶ ou coûts d'approche.

❷ voir page 114.

❸ la plupart du temps essentiellement de la main-d'œuvre de haut niveau de technicité, parfois des prototypes spéciaux, etc.

❹ essentiellement unités d'œuvres produites x coûts unitaires.

❺ voir page 93.

❻ ou coûts de commercialisation.

Dans ce chapitre, les points suivants seront traités :

- les coûts d'**achat et d'acquisition**,
- les coûts de **production**,
- les coûts de **distribution** ou de commercialisation,
- les coûts des **études et recherches**.

3.1 Le coût d'acquisition

Les achats de matières ou de pièces peuvent être traités de trois manières.

❶ Ils sont, le plus souvent, entrés dans un compte de **stock** : ce compte est diminué des consommations constatées par les bons de sorties matières. Le solde de ce compte indique la valeur du stock à tout moment.

❷ Les achats sont parfois imputés directement aux comptes de **coûts de production** lorsqu'il s'agit de matières, de pièces ou d'équipements destinés à un produit spécifique ou à une commande particulière.

❸ Les achats peuvent être imputés directement aux **centres**, en particulier quand il s'agit de matières consommables spécifiques à une activité.

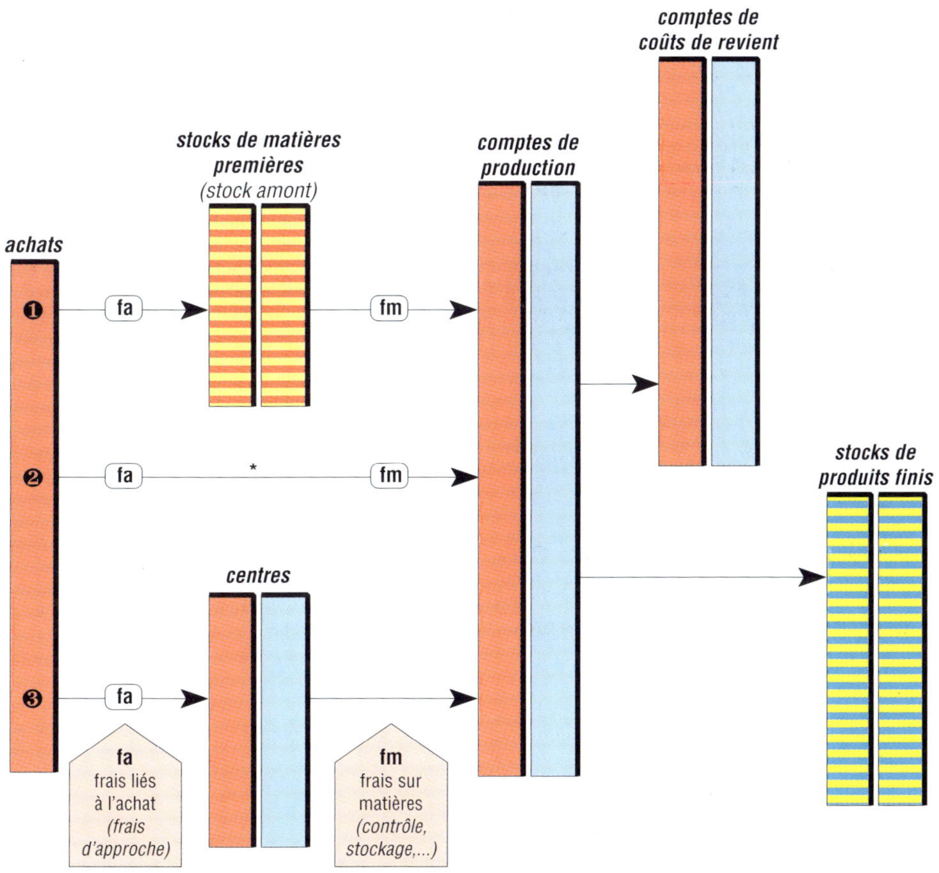

* Dans certaines entreprises, fa et fm sont inclus dans un même coefficient lorsque fa et fm sont de faible valeur par rapport aux achats et frais de stockage ou lorsque la quasi-totalité des achats est directement affectée aux comptes de production.

3.2 Le coût de production

Le coût de production est un coût partiel qui ne comporte pas de coûts de structure globale de l'entreprise (en général) et pas de coûts de distribution (ou de commercialisation).

La **valorisation des coûts de production dépend du système adopté** : coûts directs, coûts complets, coûts standard, imputation rationnelle et, éventuellement, système de cessions internes.

Le coût de production est un concept – ou une étape – de constitution du coût de revient applicable aussi bien aux entreprises industrielles qu'aux entreprises de services.

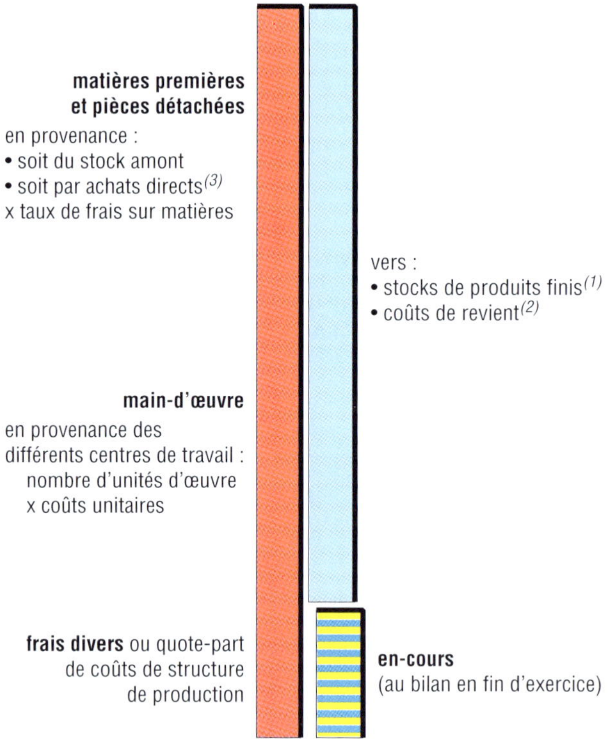

(1) évalués souvent en coûts standard quand il s'agit d'une production de séries d'objets.

(2) évalués en coût de production déterminé en fonction des devis des marchés et des commandes spécifiques.

(3) en coût d'achat, frais d'acquisition et d'approche compris.

3.3 Le coût de distribution

Le coût de distribution est le terme utilisé par le plan comptable. Il s'agit du regroupement de l'ensemble des **opérations liées à la vente**. De ce fait, il ne peut être affecté qu'à un compte de coût de revient des ventes et non aux comptes de production.

Il faut bien préciser que le marketing n'a rien à voir avec les ventes (la distribution) mais qu'il représente plutôt des opérations assimilables à des recherches et des développements, soit en amont, soit en aval de la production.

On peut distinguer trois groupes d'opérations se rattachant à la vente :

- les frais de **stockage** des produits finis,
- les opérations **liées à la vente**,
- les actions **après la vente** (appelées service après-vente).

En principe, sauf s'il s'agit de coûts de très faible importance, les activités du service après-vente doivent être isolées et faire l'objet d'un traitement analytique spécifique que le service après-vente soit fait gratuitement (garantie) ou sur facturation.

La liste des opérations liées à la distribution n'est pas exhaustive :

- Les **frais de stockage** de produits finis qu'il faudrait qualifier d'opération de « déstockage ou de sorties de stock » :
  - ➥ l'entretien, la conservation et le contrôle des produits finis,
  - ➥ l'emballage et le conditionnement,
  - ➥ la livraison et l'expédition,
  - ➥ la gestion des dépôts et magasins,
  - ➥ etc.
- Les **opérations liées à la vente** peuvent faire l'objet d'un ou de plusieurs centres de travail :
  - ➥ étude de marché,
  - ➥ service de devis,
  - ➥ étude des prix, suivi de la concurrence,
  - ➥ conception et réalisation de notices techniques,
  - ➥ toutes les actions liées à la publicité et à tous les documents et installations publicitaires,
  - ➥ la formation du personnel de vente,
  - ➥ l'administration des ventes, y compris la comptabilisation et le suivi des créances,
  - ➥ les opérations de promotion : salons, foires, relations publiques, lancement de produits ou d'activités nouvelles,
  - ➥ gestion des agences, magasins et lieux de ventes,
  - ➥ informatique (statistiques diverses),
  - ➥ frais financiers liés aux activités commerciales.

Les listes évoquées montrent la variété et l'importance des coûts liés à la distribution et à la commercialisation. Ces coûts – en valeurs relatives – sont très différents d'une entreprise à l'autre même dans le cadre d'un même secteur d'activité.

La politique commerciale, l'image que l'on veut donner de l'entreprise, les évolutions technologiques, la nature du marché (spécificité, exportation, type de clients, etc.), la situation de monopole plus ou moins réelle sont autant de contraintes ou d'options pouvant modifier sensiblement la masse des coûts de commercialisation.

Dans ce domaine aussi, la comptabilité analytique doit être souple et adaptable aux évolutions parfois fulgurantes des méthodes de ventes.

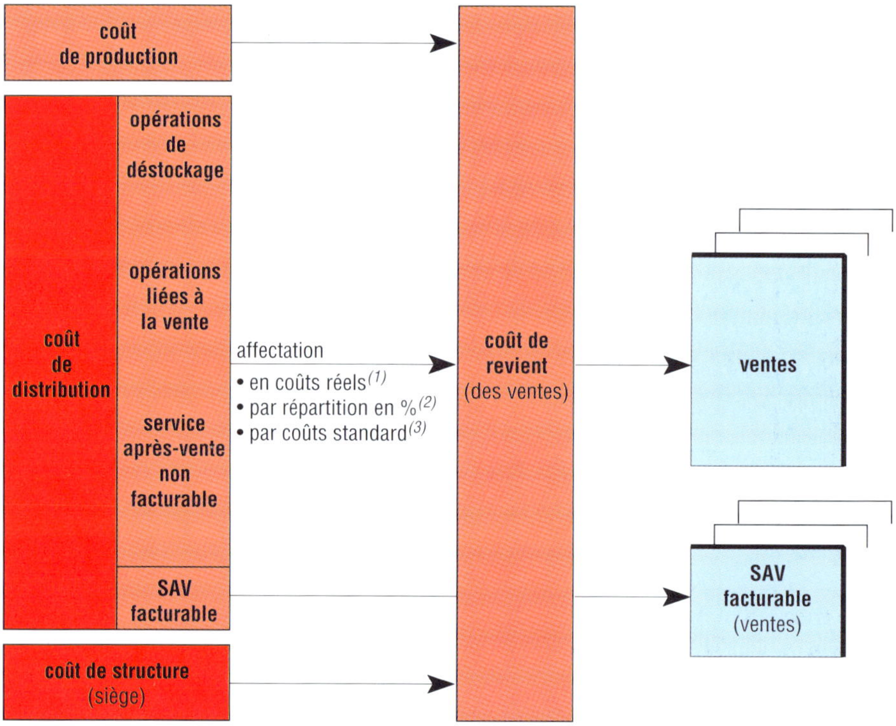

Nota : les coûts de distribution ne doivent absolument pas être affectés :
- à la production stockée (c'est-à-dire à l'entrée en magasin de produits finis),
- à la production immobilisée.

(1) par exemple : transports, livraisons et emballages spéciaux (parfois sous-traités partiellement) ; devis et opérations préparatoires, cahier des charges ou études diverses réalisées suivant des instructions précises des clients ; opérations spécifiques contractuelles.

(2) en général, par application d'un pourcentage sur le chiffre d'affaires ou par secteur ou par type de produits ou services vendus.

(3) sorte de catalogue de prix en fonction de coûts préétablis par type de vente.

3.4 Le coût des études et des recherches

Les coûts des études sont souvent qualifiés de frais d'études.
Ils sont regroupés dans des centres (des sections). Ils comprennent les bureaux d'études, les centres de recherche, les laboratoires, les centres d'essais, etc.

Ces coûts sont tous imputés à des comptes de production qui ont – en général – trois destinations. Les coûts de production :

❶ sont passés en **études à amortir**.

❷ peuvent être **incorporés aux coûts de revient des ventes** suivant des critères à définir ; soit en pourcentages du chiffre d'affaires, soit suivant d'autres critères et même, parfois, en fonction d'une estimation au cas par cas[(1)].

❸ peuvent être imputés à des **centres de travail** en fonction de critères à définir par chaque entreprise.

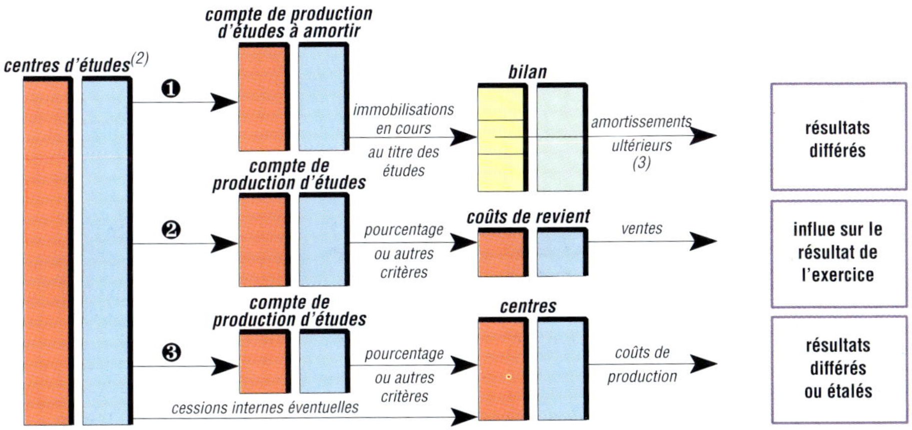

Dans la première solution, si les recherches débouchent à échéance rapprochée sur une production vendable, l'entreprise n'aura pas trop de difficultés. Dans l'hypothèse inverse, c'est-à-dire dans le cas où une étude ne débouche sur aucun produit vendable, il y a constitution d'un actif sans valeur qui fausse les résultats.
Certaines entreprises ont ainsi présenté de beaux bilans pendant quelque temps ; les réveils sont généralement brutaux quand la trésorerie est asséchée.

Le schéma de comptabilisation des études à amortir est applicable à toute production d'immobilisation faite par l'entreprise pour elle-même, telle que des investissements ou des outillages spéciaux.

(1) les études non amortissables sur plusieurs exercices sont souvent appelées « études générales ».

(2) l'ensemble des centres de ce type est qualifié souvent de « recherche et développement ». Certaines entreprises incluent dans cet ensemble les services de marketing (recherche de produits nouveaux et de méthodes commerciales).

(3) amortissements ultérieurs en fonction des quantités de produits fabriqués comme suite aux études. Si l'étude ne fait l'objet d'aucune réalisation ou vente, elle est passée en pertes (charges exceptionnelles sur exercice antérieur).

4 LE CHEMINEMENT DES COÛTS

La comptabilité analytique valorise les coûts de transformation interne entre les charges et les produits suivant le système d'opération classique.

Le terme d'achat employé ici suppose que l'entreprise achète de la main-d'œuvre et que les charges sociales sont des achats de sécurité.

On peut compléter ce schéma de la façon suivante[1] :

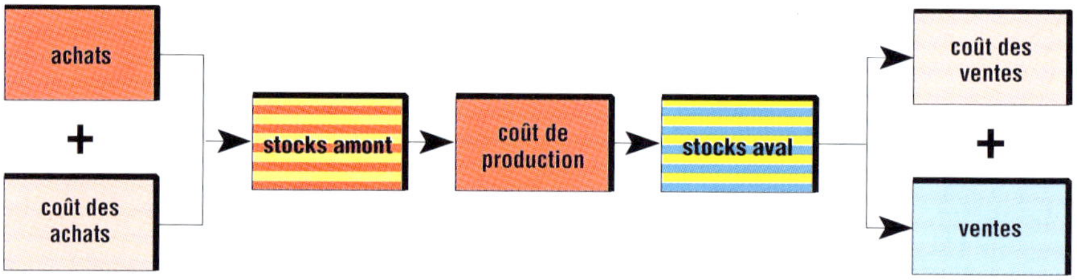

Le coût de production (transformation) existe toujours, que ce soit une entreprise de production ou de services.

Le principe général du cheminement des charges peut être illustré de la façon suivante :

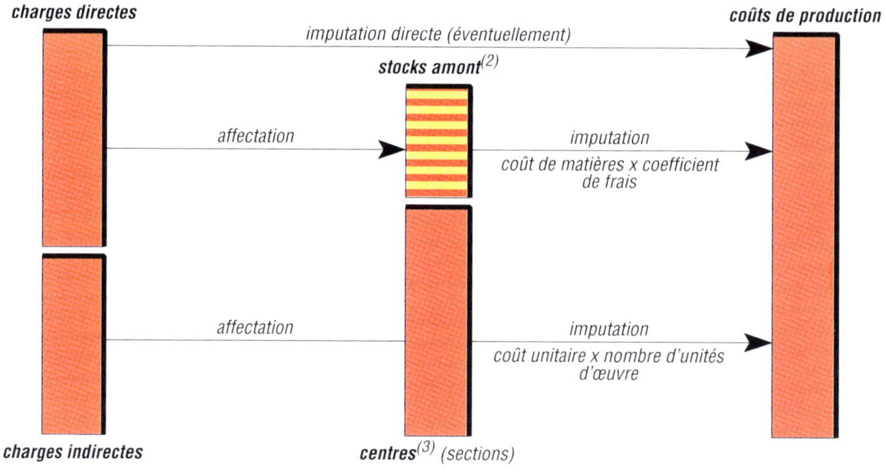

(1) schéma déjà évoqué page 102.
(2) en-cours : production de biens et de services.
(3) centre de calcul, de travail, etc. En fait, procédure de reclassement et d'acheminement des charges.

Ce principe général peut être représenté par les schémas suivants :

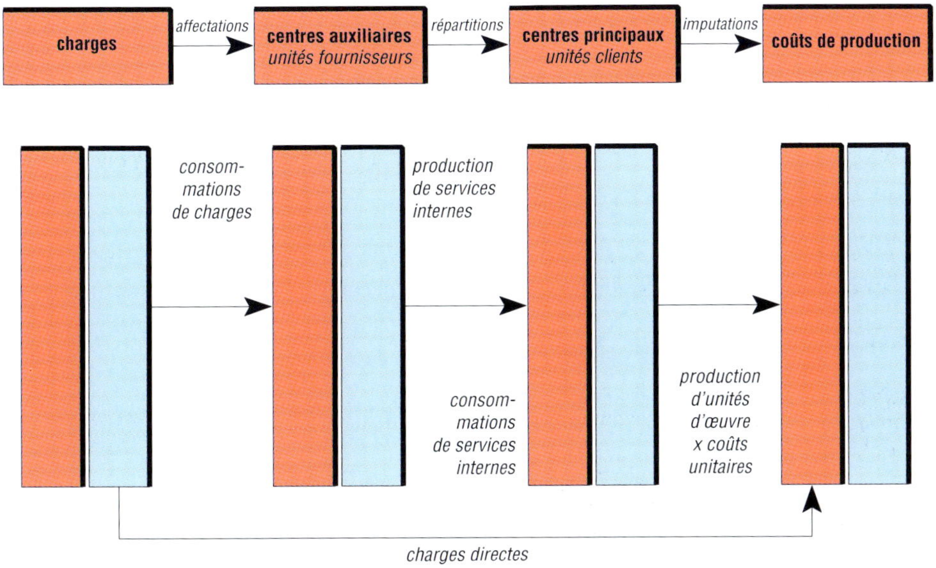

Les charges indirectes doivent être réparties par l'intermédiaire des centres de calcul ou des centres auxiliaires suivant des critères dont la liste ci-dessous est fort limitée. L'imagination crée de nouvelles méthodes au fur et à mesure des évolutions techniques portant autant sur les produits que sur les réseaux de communication.

origines des répartitions	***méthodes de répartition[3] en fonction...***
siège et administration centrale	des coûts de production
directions fonctionnelles[1]	des effectifs
services généraux[2]	des heures de production
transports	des rémunérations
entretien général	de la superficie
fluides	du volume
études générales	de la valeur des matières
marketing	des quantités produites
qualité	des quantités vendues
méthodes et veille technologique	des heures machines
études économiques	etc.
etc.	

(1) *directions financières, technique, commerciale, personnel, etc.*

(2) *comptabilité, contrôle de gestion, informatique, achats, approvisionnements, sécurité, gestion du personnel.*

(3) *répartitions arbitraires ou négociées ou par approches successives et pragmatiques ou en fonction des besoins exprimés. Les répartitions pragmatiques sont souvent simples, efficaces et rapides. Elles ont tendance à diminuer la responsabilité des gestionnaires de base.*

5 LE COÛT D'UNE UNITÉ D'ŒUVRE

Le principe de calcul du coût d'une unité d'œuvre est particulièrement évident :

$$\frac{\textbf{charges du centre}}{\textbf{quantité d'unités d'œuvre}} = \textbf{coût unitaire de l'unité d'œuvre}$$

Il est non moins évident qu'il faut savoir de quoi sont constituées les charges, d'où elles viennent et comment elles sont calculées.

Par ailleurs, il faut savoir comment on détermine la quantité d'unités d'œuvre.

Dans ces conditions, le résultat de la division peut donner des résultats fort différents.

principe général de gestion d'un centre de travail

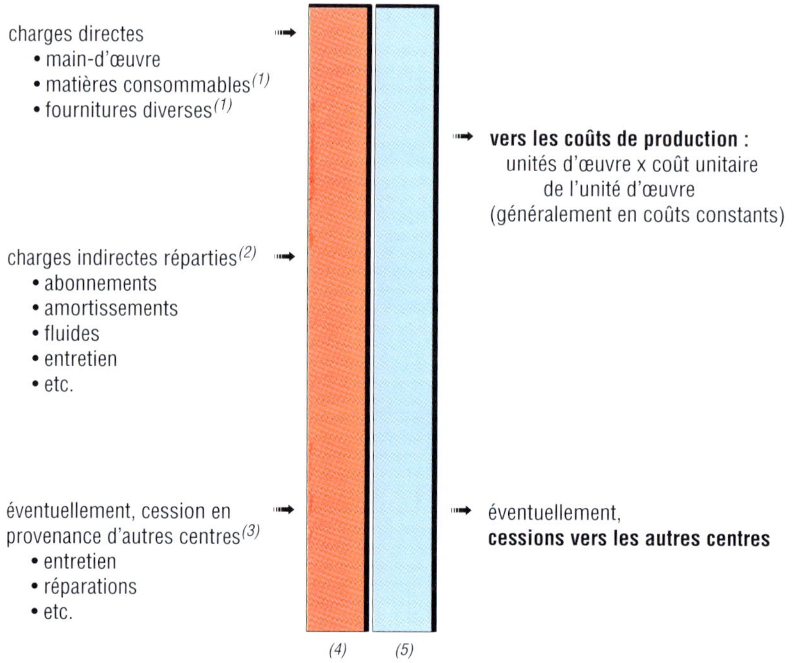

(1) charges directes en provenance des stocks et, parfois, par achats directs.

(2) critères de répartition très variés, abonnements, clés plus ou moins arbitraires, négociées ou subies, pourcentages d'activité, suivant les quantités produites, en fonction des surfaces ou des volumes occupés, etc.

(3) souvent prestations demandées par le centre : entretien, nettoyage, réparations, etc.

(4) en principe, les coûts de structure du siège, de la direction générale et des directions fonctionnelles ne sont pas imputés ou affectés à un centre de calcul.

(5) dans certaines entreprises, on diminue les charges affectées au centre du montant des déchets et rebuts revendables pour faire baisser le coût de l'unité d'œuvre (passé au crédit du centre). Cette opération se fait en prix standard (sciures, copeaux de cuivre, restes de tissus, etc.). Le décompte est plus facile à faire. Ces opérations ne sont valables que dans de grosses unités... et encore !

le contrôle des coûts des centres de travail

Pour contrôler les coûts d'un centre (ou d'une section), le responsable a généralement à sa disposition un document d'information ou un écran :

- pour **établir son budget** au moins une fois par an afin de prévoir son coût unitaire d'unité d'œuvre en fonction de la production prévue,
- tous les mois pour **suivre l'évolution des coûts et prendre les décisions** nécessaires pour rester dans la trajectoire de l'objectif.

Les rubriques et leurs décompositions indiquées sur ce tableau sont très proches de ceux préconisés par le plan comptable. Des dizaines d'autres présentations sont possibles en fonction des besoins de gestion des responsables de centres. En particulier, le nombre de rubriques et l'origine des charges peuvent être largement développés où cela est nécessaire.

La présentation ci-dessous permet de séparer les frais fixes et les frais variables, cette séparation nécessitant des règles et des procédures très précises pour que tous parlent le même langage.
Cette présentation des coûts est à la base de la gestion et du contrôle budgétaire en permettant d'**analyser les écarts** à tous les niveaux, ligne par ligne et au niveau des comptes de production.

	total	charges et coûts variables	charges et coûts fixes
❶ **charges affectées** • en coûts directs – approvisionnements – fournitures consommables – personnel et charges • en coûts indirects – par répartition – par affectation (abonnements)			
❷ **prestations en provenance des autres centres** • centres auxiliaires – personnel – bâtiments – matériels – etc. • centres opérationnels (ou auxiliaires) – prestations effectuées à la demande			
❸ **coût total du centre** ❶ + ❷		(1)	(1)
❹ **nombre d'unités d'œuvre produites**			
❺ **coût unitaire de l'unité d'œuvre** ❸ / ❹ *(ou taux d'absorption ❸ / M)*(2)			

(1) total possible pour retrouver dans les coûts unitaires la part fixe de la part variable.

(2) M = volume traité par le centre. Par exemple, les magasins + le contrôle ont un coût total ❸ de 10 000. Ils ont manipulé et contrôlé 1 million de francs de pièces et de matières ❹ ou « M », masse traitée. Le taux sera de ❸ / M = 10 000 / 1 000 000 = 1 %.

► *exemple de coût d'unité d'œuvre :* ***heure de mécanique***

total des charges de la section : 100 000 Francs
total des heures produites : 1 000 heures
coût de l'heure : $\frac{10\ 000}{1\ 000}$ = 100 Francs/heure

► *exemple de coût d'unité d'œuvre :* ***objet***

atelier réalisant :
- des cendriers = 1 objet étalon[1]
- des verres = 0,8 objet étalon
- des vases = 1,5 objet étalon

production : 50 cendriers, 1 000 verres, 150 vases

total des charges de la section : 110 000 Francs
objets étalon produits 50 + (0,8 x 1 000) + (1,5 x 150) = 1 075
coût de l'objet étalon $\frac{110\ 000}{1\ 075}$ = 102,33 Francs

coût imputés aux comptes de production
50 cendriers à 102,33 Francs (total 5 117 Francs)
1 000 verres à 102,33 Francs x 0,8 = 81,86 Francs (total 81 864 Francs)
150 vases à 102,33 Francs x 1,5 = 153,50 Francs (total 23 025 Francs)

Le total imputé est bien de 110 000 Francs

► *exemple de* ***taux (matières)***

coût de services approvisionnements : 162 000 Francs
(achats, stockages, contrôles, réception)

total des coûts de sorties des magasins amont : 1 800 000 Francs
(vers les comptes de production)

taux de frais sur matières : $\frac{162\ 000 \times 100}{1\ 800\ 000}$ = 9 %

ce qui signifie qu'à chaque fois qu'une pièce ou matière est sortie du magasin pour une valeur (par exemple) de 100 Francs, il sera imputé 109 Francs au compte de production.

► *exemple de* ***taux (livraisons clients)***

coût du service transport *(section livraison aux clients)* : 90 000 Francs
total des factures correspondant aux objets livrés : 2 500 000 Francs
taux de frais de livraison : $\frac{90\ 000}{2\ 500\ 000}$ = 3,6 %

les comptes de coûts de revient seront débités de 3,6 % du montant des factures.

(1) une unité d'œuvre étalon consiste à ramener à une seule unité plusieurs unités produites d'un « poids » différent. Il en est ainsi des objets, des heures, des catégories professionnelles, etc.

Il y a plusieurs méthodes d'application des charges aux centres pour ne pas dire une infinité.
On retiendra trois méthodes principales qui ont une incidence sur la valorisation des coûts de production, des coûts de revient et des stocks aval :

- méthode des coûts complets,
- méthode des coûts directs,
- méthode des coûts variables.

centre de travail en coûts complets

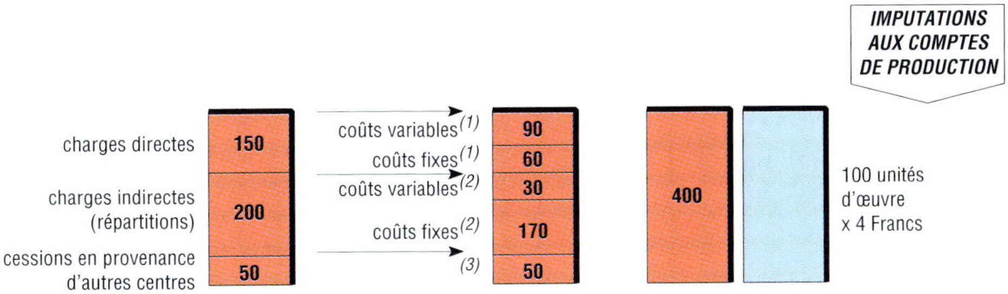

(1) répartition souvent connue du responsable de centre.
(2) répartition rarement connue du responsable de centre.
(3) le responsable du centre sait de quoi il s'agit car c'est souvent à sa demande que des prestations ont été réalisées ; mais il ne sait pas souvent comment les coûts de cession sont calculés.

centre de travail en coûts directs

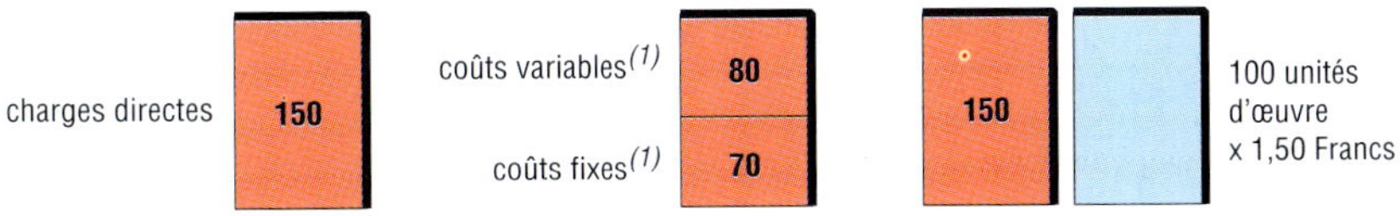

(1) répartition souvent connue du responsable du centre.

centre de travail en coûts variables

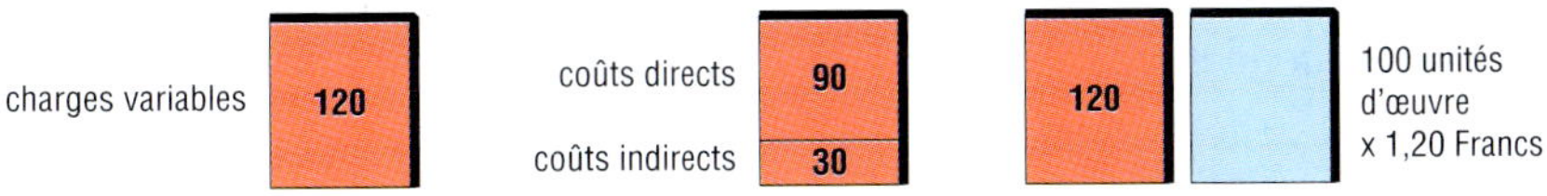

Ces systèmes (parmi bien d'autres possibles) montrent des **différences d'imputation** aux comptes de production, ce qui a une influence sur la valorisation des stocks de produits finis (stocks aval) et sur la constitution des coûts de revient des ventes (mais pas sur le coût de revient global de l'ensemble des ventes).

Même dans un système de coûts complets au niveau des centres, aucune charge de structure d'entreprise n'est imputée aux centres.

6 LES FRAIS SUR MATIÈRES

Lorsqu'une entreprise achète une pièce détachée 100 Francs, le coût de l'achat comprend non seulement l'achat mais tous les frais entraînés par le circuit de communication de papiers et de démarches résumées sur le tableau ci-dessous.

Les frais de stockage sont parfois très importants.

De ce fait, l'entrée en stock comprend le prix d'achat plus une majoration en pourcentage de la valeur de l'achat pour absorber les frais avant l'entrée en magasin.

Les frais de stockage – dont une liste est indiquée page 115 – sont **ajoutés à la valeur des pièces stockées au moment de la sortie**, c'est-à-dire de l'imputation aux comptes de production.

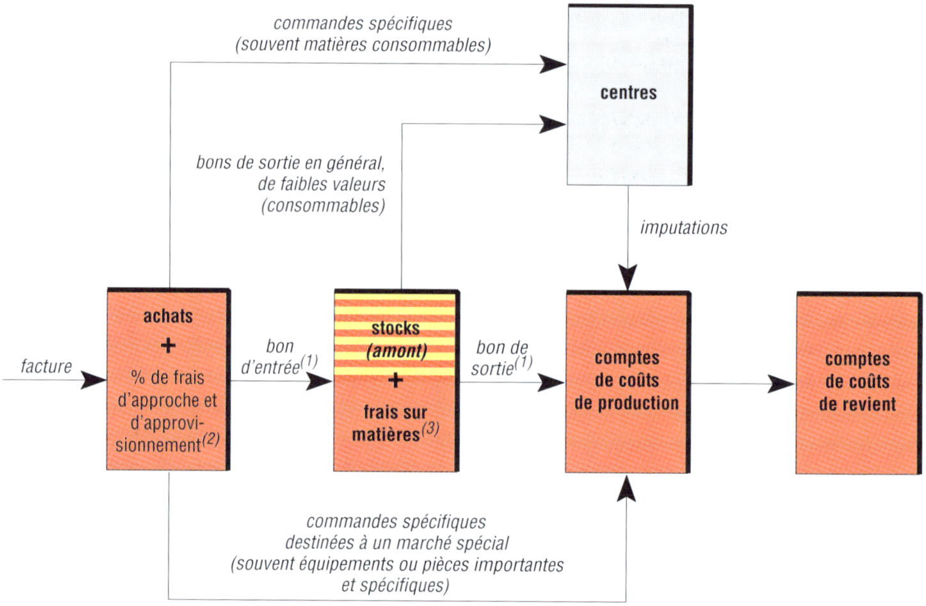

(1) *opérations de plus en plus informatisées.*
(2) *frais imputés en pourcentage des achats à l'entrée en magasin.*
(3) *frais imputés par pourcentage sur la valeur de sortie des magasins.*

De nombreuses opérations entraînent des frais sur matières et concernent plusieurs services de l'entreprise.

opérations	services concernés
recherche des fournisseurs	tous services et service achats
demandes d'achat	tous services et service achats
rédaction des commandes et contrats	service achats
signatures	direction et tous services
comptabilisation des engagements	comptabilité
relances	service achats
transports par l'entreprise	service transports
démarches en douane	service achats
réception des marchandises	service réception
contrôle de la qualité	services techniques
contrôle des quantités	service réception
comptabilité fournisseurs	comptabilité
acceptation des factures	tous services
règlement des factures	comptabilité
comptabilité des matières	comptabilité
inventaires	service magasin et comptabilité
manutentions internes	services généraux
gestion des surfaces	services généraux et magasins
conservation et entretien	services techniques, entretien et magasins
etc.	etc.

Quand on rapporte les frais liés à l'acte d'achat au montant de l'achat lui-même, on obtient un coefficient :

$$\frac{\textbf{frais de l'entrée dans l'entreprise jusqu'à la sortie des magasins x 100}}{\textbf{montant des achats}}$$

On peut facilement en déduire un taux mais **1 Franc d'achat n'entraîne pas toujours les mêmes frais**.

Les coûts sont différents pour approvisionner :

- 1 vis à 1 Franc... parfois 1 000 % ;
- 1 000 000 vis à 1 Franc... parfois ≠ 0 % ;
- 1 tonne de tôle... de 2 % à 20 % ;
- matières fournies gratuitement (façonniers)... 0 % à... l'infini.

Dans certaines entreprises, on calcule un coefficient de frais sur matières différent suivant les catégories d'achat. C'est un peu plus compliqué encore que l'informatique résout ces problèmes sans efforts particuliers tout en se rapprochant de la réalité économique.

Dans d'autres entreprises où la valeur des matières et des pièces détachées est trop faible par rapport à la valeur ajoutée, ou lorsque les frais d'approvisionnement sont trop faibles par rapport à la valeur des matières, ces frais sont inclus dans le taux de l'heure ou, tout simplement dans les coûts de structure.

entrée en stock	**stockage** *(stocks amont)*	**sortie de stock** *vers les centres et les comptes de production*
achats + frais accessoires + frais douane + transports **+** opérations liées aux achats • service achats • comptabilité fournisseurs • contrôles • manutention • informatique • etc.	**+** • contrôles • coûts des surfaces • frais de consommation • entretien • inventaires *(1)* • etc.	**+** • contrôles • inventaires • manutention • comptabilité matières • informatique • etc.

À l'entrée en magasins, on ajoute un coefficient de frais d'approche pour « éponger » ces frais.

À la sortie, on ajoute à la valeur des pièces et matières, un coefficient de frais sur matières pour valoriser les consommations et les comptes de production. L'application de ce coefficient permend d'« éponger » ces frais.

Si on a un budget de 1 000 000 francs d'achats et si l'ensemble des opérations est de 120 000 francs, à chaque fois qu'on entre en magasin 10 francs, on ajoute 12 % de frais ; on entre la pièce à 11,20 francs(2)(3).

Si les budgets matières sont de 1 200 000 francs et si l'ensemble des frais de stockage et de gestion des stocks est estimé à 120 000 francs, le taux de frais sur matières (moyen) sera de 10 %.
À chaque fois que l'on fera une sortie de magasin de 150 francs, il sera imputé au compte de production (ou au centre) 150 + 10 % = 165 francs(3).

(1) certains appellent l'ensemble de ces opérations, le coût de possession.

(2) dans certaines entreprises, ce coefficient n'est appliqué qu'à la sortie des magasins. Avantage : simplicité ; inconvénient : les charges épongées ne correspondent pas aux sorties surtout dans les entreprises fortement consommatrices de matières dans des cycles de fabrication longs.

(3) en contrôle budgétaire, on détermine les écarts sur achats et les écarts sur frais ; ce qui se traduit par un écart sur coût matières.

7 LES PRESTATIONS RÉCIPROQUES

Lorsque des centres se rendent des services réciproques, le calcul de la valeur de l'unité d'œuvre peut se résoudre par une solution algébrique. Lorsque les centres en cause ne sont que deux, une simple équation du premier degré à deux inconnues est facile à résoudre.

Le principe de résolution est le même quand il y a un plus grand nombre de centres se rendant des prestations réciproques. Dans ce cas, il est plus rapide et plus sûr de faire appel à l'informatique.

Les prestations réciproques sont un élément de gestion budgétaire pour déterminer des coûts standard en fonction des prévisions d'activités.

	centre A	centre B
coût total du centre	300 000 Francs	252 000 Francs
nombre d'unités d'œuvre produites (heures)	10 000 heures	20 000 heures
le centre A a consommé 100 heures du centre B	←	1 000 heures
le centre B a consommé 150 heures du centre A	1 500 heures	→
valeur de l'unité d'œuvre ?	**x**	**y**

problème posé :

10 000 heures * x = 300 000 Francs + 1 000 heures * y
20 000 heures * y = 252 000 Francs + 1 500 heures * x

résolution algébrique :

$$10\,000\ x = 300\,000 + 1\,000\ y$$
$$20\,000\ y = 252\,000 + 1\,500\ x$$

réduction par 1 000 (simplement à titre de facilitation des calculs)

$$(1)\ 10\ x = 300 + y$$
$$(2)\ 20\ y = 252 + 1{,}5\ x$$

$$(1)\ y = 10\ x - 300$$
$$(2)\ 20\ (10\ x - 300) = 252 + 1{,}5\ x$$
$$200\ x - 6\,000 = 252 + 1{,}5\ x$$
$$200\ x - 6\,000 - 1{,}5\ x = 252$$
$$200\ x - 1{,}5\ x = 6\,000 + 252$$
$$198{,}5\ x = 6\,252$$
$$x = \frac{6\,252}{198{,}5} = \textbf{31,49 Francs/heure}$$
$$(1)\ 20\ y = 252 + (1{,}5\ x\ 31{,}03)$$
$$y = \frac{252 + 47{,}2}{20} = \textbf{14,96 Francs/heure}$$

10 PHRASES...
4 ERREURS !

❶ Un coût réel peut être un coût historique.

❷ Les coûts de distribution peuvent être répartis dans les coûts de production pour entrer les produits en stock.

❸ Un coût standard est celui qui a été établi a priori dans des conditions de réalisation normalisées.

❹ La production immobilisée est valorisée en coût de revient.

❺ Un écart de main-d'œuvre peut se décomposer en écart sur taux et écart sur temps.

❻ Coût direct et coût variable ont presque toujours la même signification.

❼ Les études à amortir peuvent représenter des pertes à terme.

❽ Les frais sur matières sont représentés par l'application d'un taux sur la valeur de sortie de matières ou de stock amont en général.

❾ Les coûts sont toujours identifiés sans difficulté dans l'une ou l'autre catégorie de coûts variables ou de coûts de structure.

❿ Une unité d'œuvre permet de mesurer l'activité d'un centre de production et de calculer un coût unitaire.

commentaires page **144**.

5

les résultats analytiques

1 LES RÉSULTATS ANALYTIQUES

L'un des buts de la comptabilité analytique est de valoriser le coût de revient des ventes, si possible par produit et marché, et le coût de production de la production stockée et immobilisée.

Les résultats analytiques doivent – en principe – être connus **mensuellement**.

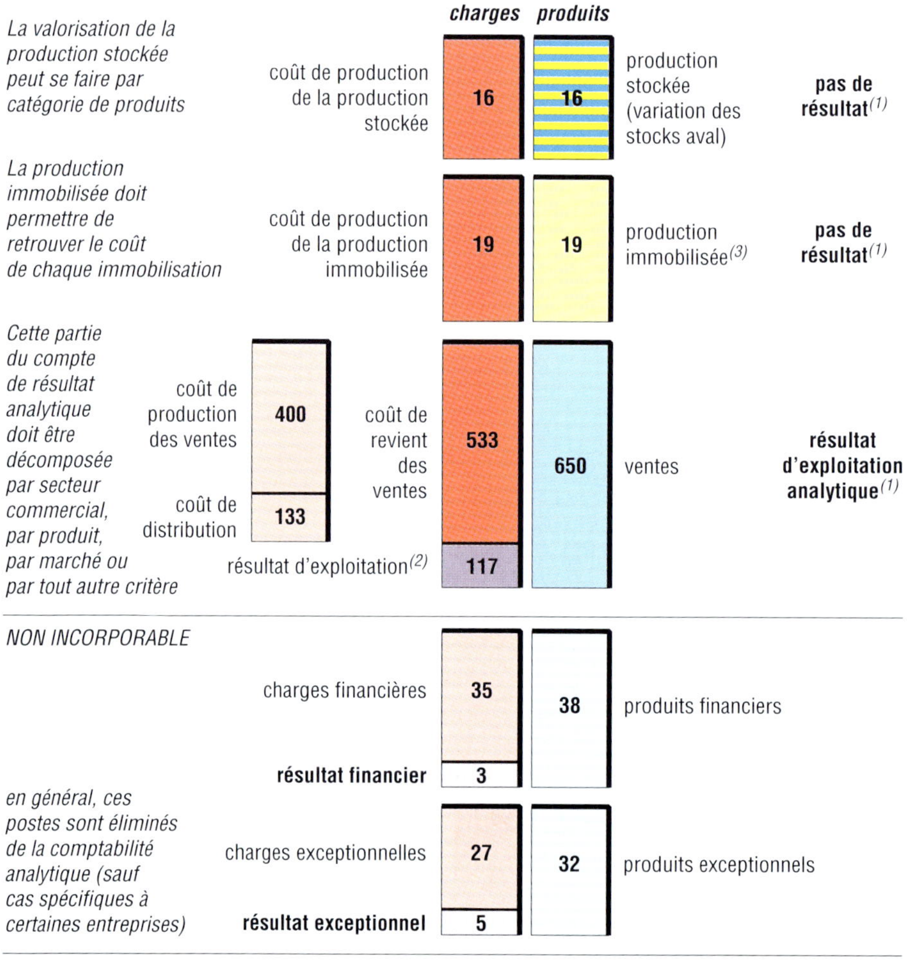

(1) il n'y a apparition de résultat que lorsqu'il y a eu transaction avec un tiers.

(2) ici, les résultats sont exprimés avant impôt ; les résultats pouvant être déficitaires.

(3) au bilan : soit dans les en-cours si les matériels ne sont pas terminés, en service ; soit en immobilisations si cette production d'immobilisations a fait l'objet d'une mise en service.

Le résultat analytique et celui de la comptabilité générale **doivent se recouper**. Le schéma ci-dessous montre le principe.
Les écarts et les résultats peuvent être d'un côté ou de l'autre suivant leur signe.

Les **écarts d'incorporation** sont nombreux :

- abonnement de charges mensuelles ne regroupant pas exclusivement les charges annuelles ;
- affectations plus ou moins approchées des charges de structure ;
- amortissements techniques différents de l'amortissement fiscal ;
- différences d'inventaires ;
- tous écarts de faible importance faisant suite à de nombreuses approximations dues à des décimales ;
- etc.

Ces écarts ne sont pas des poubelles et doivent être justifiés.

Dans l'exemple ci-dessous, on suppose un écart d'incorporation de 24 en charges, un résultat (profit) financier de + 3 et un résultat exceptionnel de + 5.

Liaison « résultat analytique / résultat de la comptabilité générale »

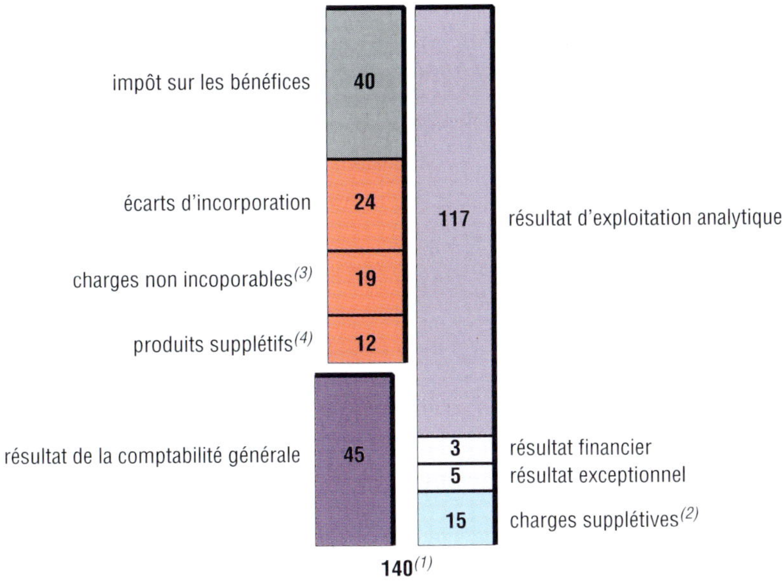

(1) total pour contrôle, sans autre signification.
(2) charges supplétives ajoutées en comptabilité analytique ; elles doivent être retirées (passées en crédit) pour retrouver les charges réelles en comptabilité générale.
(3) si les charges n'ont pas été incorporées en comptabilité analytique, il faut les réinclure pour connaître les charges de comptabilité générale.
(4) si on a passé en crédit les produits supplétifs en comptabilité analytique, il faut les inverser (passer en débit) pour retrouver les produits réels en comptabilité générale.

compte de résultat
(comptabilité générale)

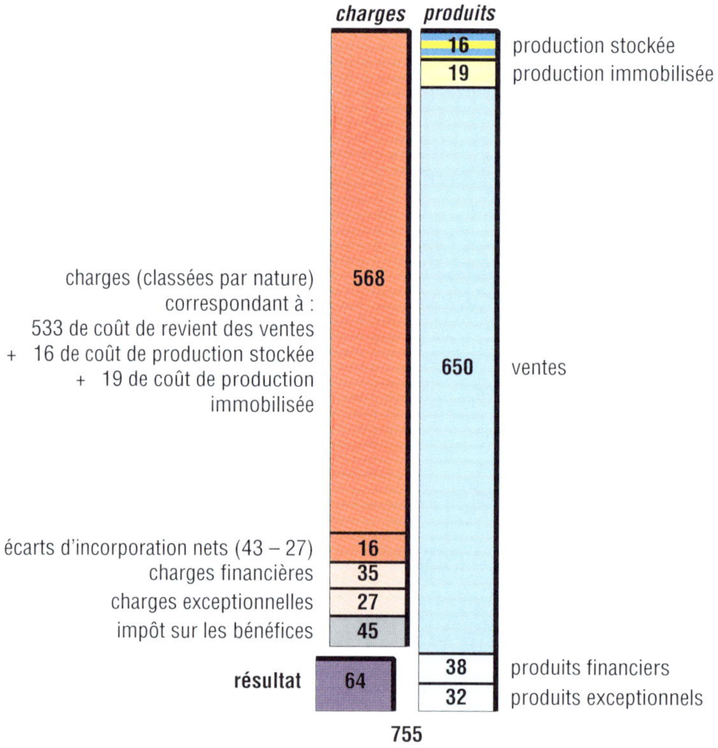

recoupement des résultats

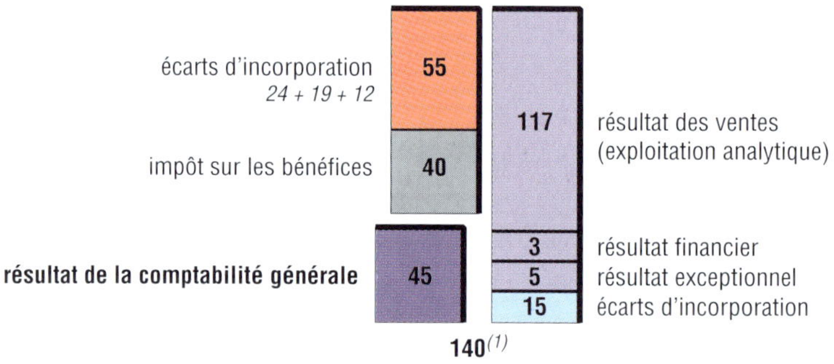

(1) *total sans signification. Valable seulement pour le contrôle.*

comptabilité analytique d'une entreprise commerciale décentralisée
(exemple)

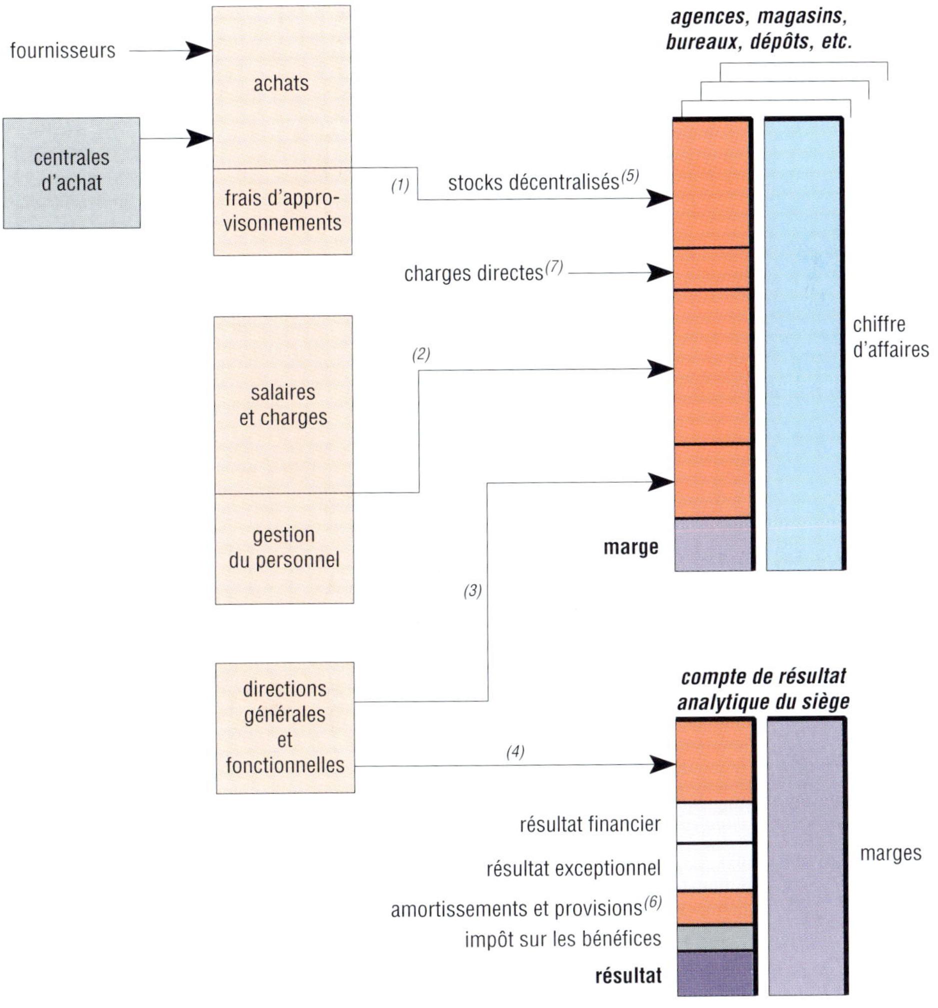

(1) commandes passées par les unités décentralisées en prix d'achat x coefficient de frais.
(2) soit en salaires moyens standard, soit en salaires réels (l'unité décentralisée embauche et licencie) + charges sociales + coefficient de frais de gestion.
(3) ➟ services réels à la demande facturés en cessions internes sur prix catalogue,
➟ répartition suivant une multitude de critères dont la plupart repose sur le chiffre d'affaires,
➟ affectation suivant des calculs de répartition proches de la réalité (charges financières, amortissements, techniques, provisions, etc.).
(4) toutes les charges de structure non absorbées. À ce poste, on ajoute (ou on retranche) les écarts d'incorporation (éventuels).
(5) les différences d'inventaires (vols) sont imputées à chaque centre.
(6) amortissements et provisions au niveau du siège.
(7) parfois de très petits achats, dépannages ou taxes locales. Parfois, tout est géré par le siège.

compte d'exploitation analytique d'une entreprise de négoce

Cette présentation peut être exprimée en valeurs absolues ou en pourcentages du chiffre d'affaires net (compte d'exploitation différentiel). Réalisée en schéma ou en tableau, elle permet des comparaisons entre les centres de profit et de responsabilité (avant impôt), ou entre entreprises du même secteur ayant adopté le même système de valorisation des coûts.

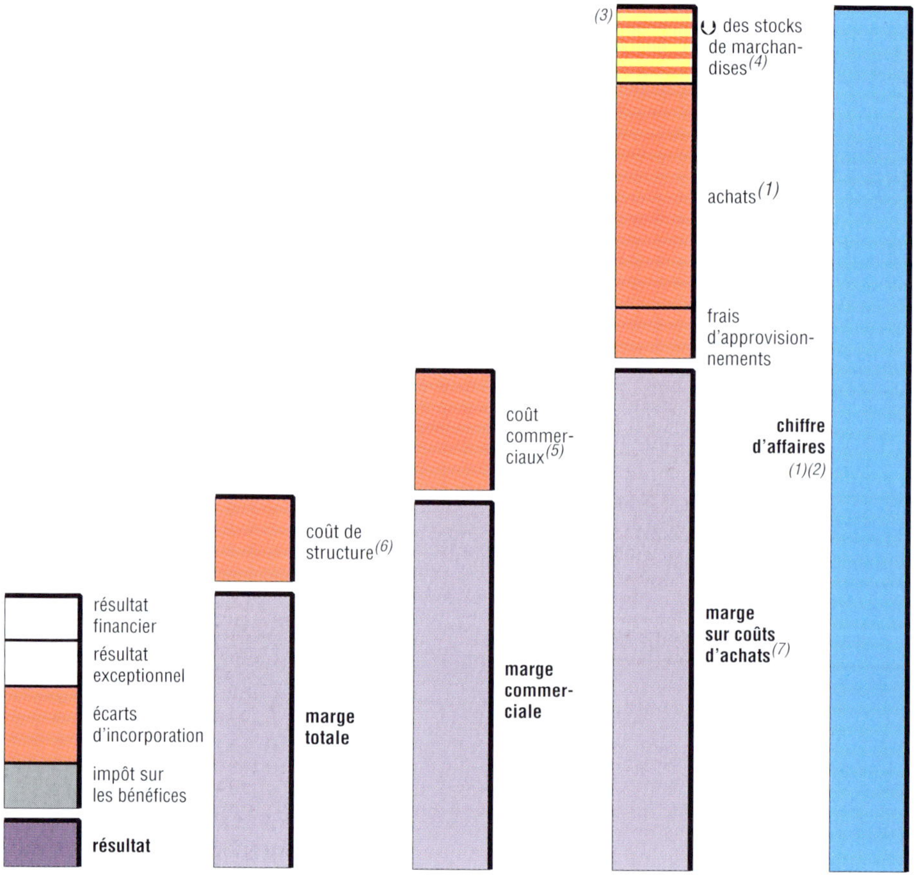

(1) net, c'est-à-dire après rabais, ristournes et remises.

(2) le chiffre d'affaires est à répartir suivant les besoins de gestion et en fonction des décisions à prendre : par magasin, lieu de ventes, dépôt, c'est-à-dire par centre de responsabilité.

(3) les achats de marchandises, les frais d'approvisionnements et les stocks sont à répartir suivant les centres de responsabilité (magasins par exemple).

(4) ici, diminution des stocks. Une augmentation des stocks viendrait en diminution des achats pour trouver la valeur des achats revendus.

(5) répartis ou non suivant des critères spécifiques à l'entreprise, éventuellement en fonction du chiffre d'affaires. Les coûts commerciaux peuvent comprendre des coûts directs affectés aux différents centres de responsabilité ou des coûts indirects répartis.

(6) répartis ou non.

(7) parfois appelée « marge brute ».

compte d'exploitation analytique d'une petite entreprise

Cette présentation peut être exprimée en valeurs absolues ou en pourcentages du chiffre d'affaires net (compte d'exploitation différentiel). Réalisée en schéma ou en tableau, elle permet des comparaisons entre les centres de profit et de responsabilité (avant impôt), ou entre entreprises du même secteur ayant adopté le même système de valorisation des coûts.

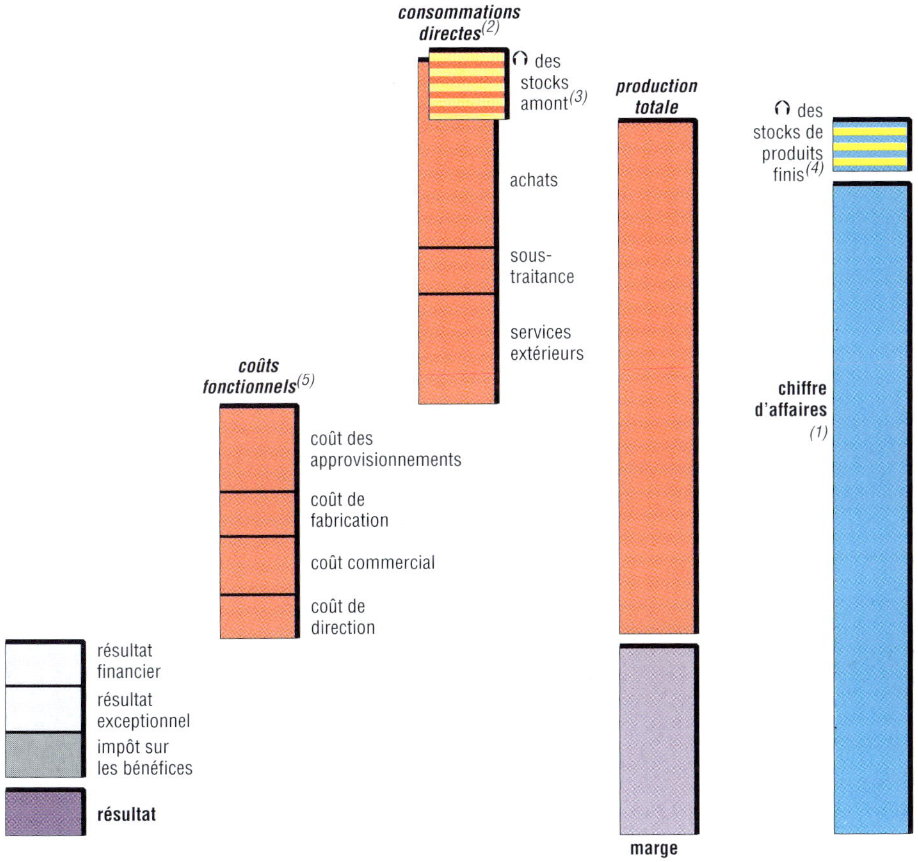

(1) *chiffre d'affaires net, c'est-à-dire le chiffre d'affaires moins les rabais, remises et ristournes accordés aux clients.*

(2) *ces consommations peuvent être affectées par produit, par activité ou suivant d'autres critères.*

(3) *ici, augmentation de stock. Une diminution de stock viendrait s'ajouter aux achats pour retrouver la consommation.*

(4) *ici, augmentation de stock (production stockée). Une diminution de stock viendrait en diminution du chiffre d'affaires pour retrouver la production totale.*

(5) *chacun de ces coûts peut être réparti sur les produits ou les activités par des clés de répartition ou en pourcentage du chiffre d'affaires. Ces coûts peuvent ne pas être répartis en cas de produit unique fabriqué ou si cette répartition n'a aucun intérêt pour des décisions de gestion.*

compte de résultat analytique différentiel
(tous postes exprimés en pourcentage du chiffre d'affaires net)
entreprise industrielle

RRR = remises, rabais et ristournes.

Les chiffres ne sont que des exemples théoriques.

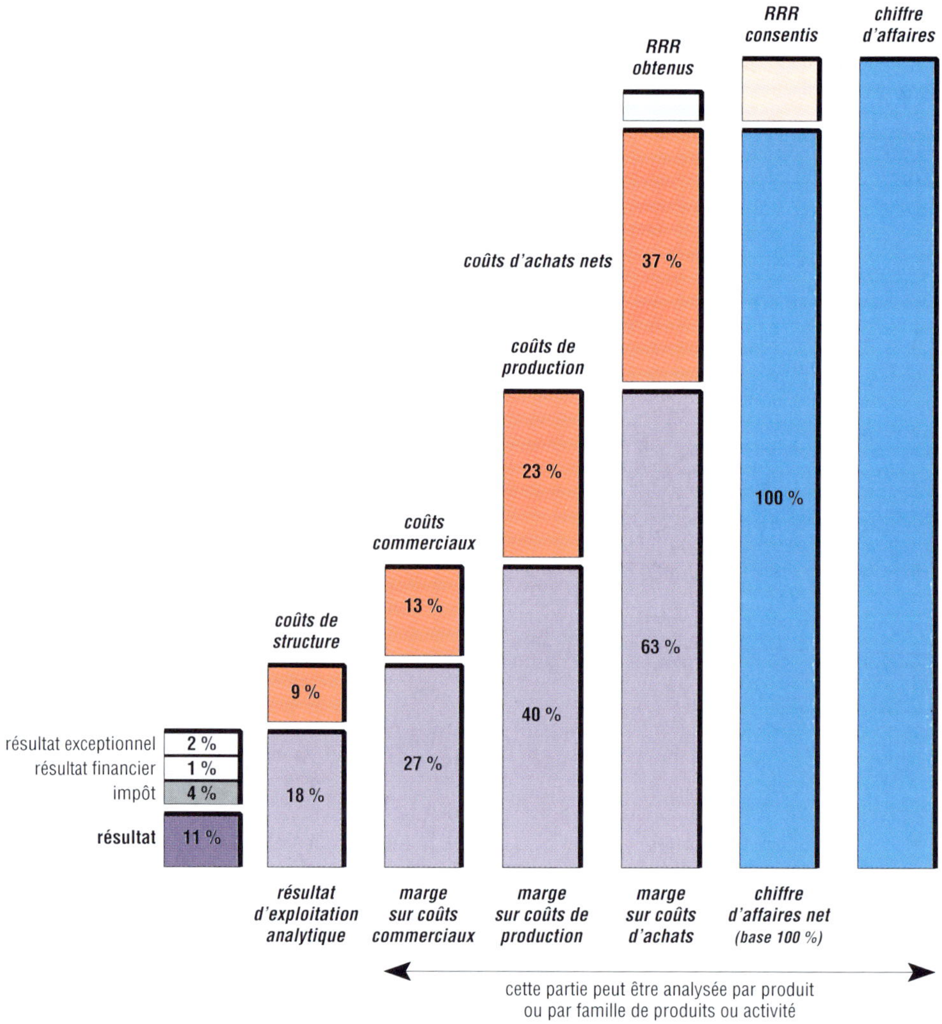

Cette présentation a l'avantage de comparer les structures d'exploitation entre les entreprises dans la mesure où elles adoptent le même système de coûts. Cette présentation permet de comparer les secteurs d'activité d'une même entreprise (centres de rentabilité et de profit) avant impôt.

2 LES MÉTHODES DE VALORISATION DES COÛTS

Il y a trois méthodes principales permettant de calculer le coût de production des ventes et de valoriser les stocks :

- le coût complet,
- le coût variable,
- le coût direct.

Chacun de ces systèmes aboutit à des résultats sensiblement différents, ce que démontre l'exemple.

Les données de base d'une entreprise produisant deux produits P1 et P2 sont les suivantes :

			P1	P2	total
A		quantités produites	100	200	
B		charges directes (variables)	1 000	1 500	**2 500**
C		charges directes (fixes)	200	100	**300**
D	*(1)*	charges indirectes (variables) de production	100	200	**300**
E	*(1)*	charges indirectes (fixes) de production	200	400	**600**
F	B à E	charges de production	1 500	2 200	**3 700**
G		charges de distribution directes (variables)	100	50	**150**
H	*(2)*	autres charges de distribution, d'administration et de recherches	450	550	**1 000**
J		quantités vendues	80	150	
K		prix de vente	30	20	
L	J x K	chiffre d'affaires	2 400 (45 %)	3 000 (55 %)	**5 400 (100 %)**
M	A – J	quantités stockées*(3)*	20	50	

(1) charges réparties au prorata des quantités produites.
(2) charges réparties au prorata du chiffre d'affaires.
(3) par simplification, il n'y a pas, ici, de stock initial.

2.1 Le compte d'exploitation analytique en coûts complets

Les stocks sont valorisés en coûts complets de production. Le coût de revient total des ventes est valorisé en ajoutant aux coûts de production des ventes une quote-part des charges hors production de la période (coûts de distribution, coûts de siège, etc.).

Les coûts hors production comprennent les coûts de distribution et les coûts de structure générale (direction, administration générale, éventuellement des études générales, etc.).

			P1	P2	total
N	F /A[1]	coût unitaire de production	15 (1500/100)	11 (2200/200)	
P	M x N	valeur du stock	300 (20x15)	550 (50x11)	850
Q	J x N	coûts de production des ventes	1 200 (80x15)	1 650 (150x11)	2 850
R	G + H	coûts hors production des ventes	550 (100+450)	600 (550+50)	1 150
S	**L – (Q+R)**	**résultat analytique**	**650** *2400 –(1200+550)*	**750** *3000 – (1650+600)*	**1 400**

présentation possible d'un compte analytique en coût complet

	produits				total
	A	B	C	D	
❶ **ventes**					
❷ coûts de production des ventes					
❸ coûts hors production répartis (structure)[2]					
❹ coûts de revient des ventes ❷ + ❸					
❺ **résultat ❶ – ❹**					

(1) voir page précédente, la signification des lettres.
(2) coûts de distribution et coûts de structure générale de l'entreprise.

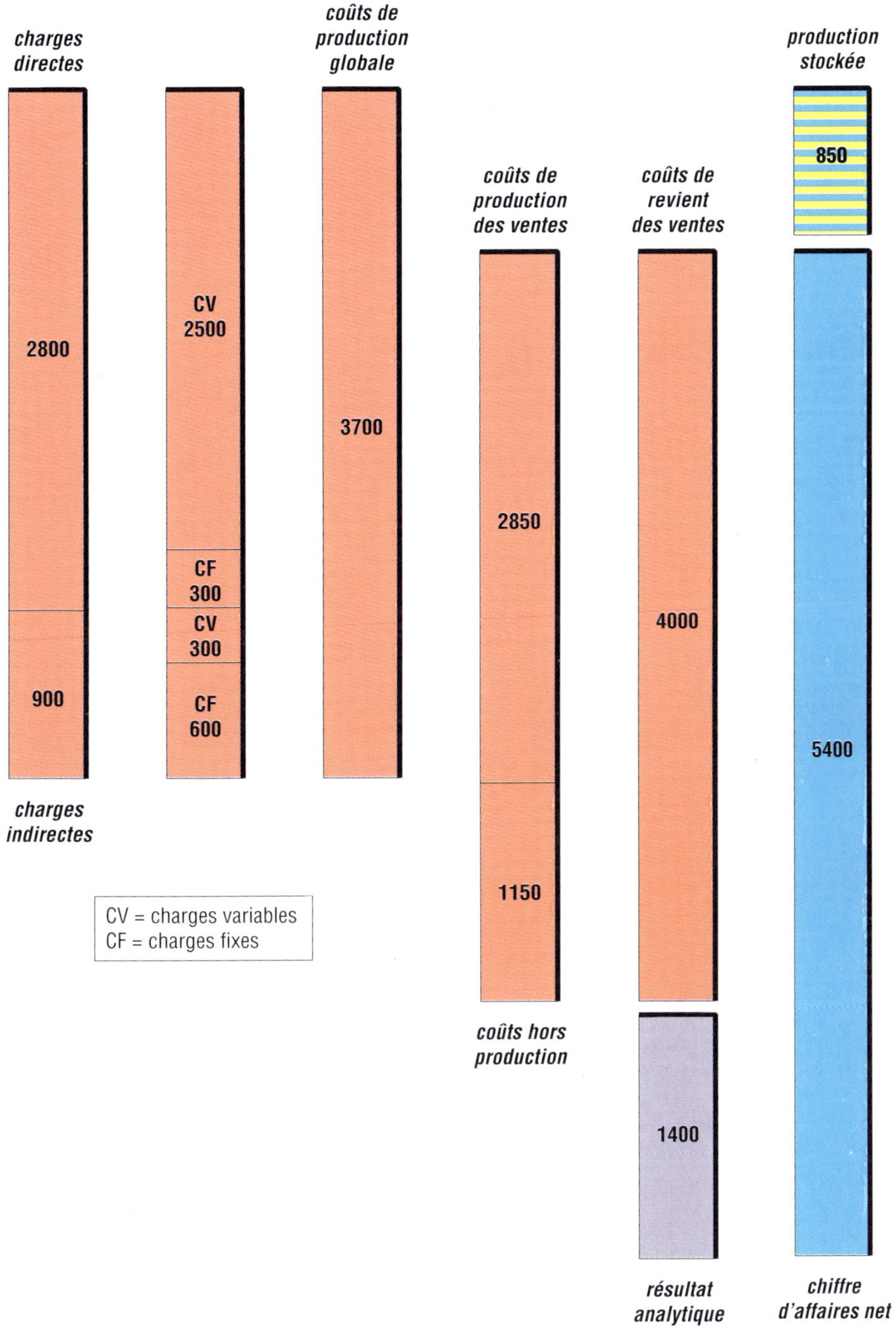
charges directes
2800
900
charges indirectes
CV 2500
CF 300
CV 300
CF 600
coûts de production globale
3700
coûts de production des ventes
2850
1150
coûts hors production
coûts de revient des ventes
4000
1400
résultat analytique
production stockée
850
5400
chiffre d'affaires net
CV = charges variables
CF = charges fixes

2.2 Le compte d'exploitation analytique en coûts directs

Les en-cours et les produits finis sont évalués en coûts directs (appelés parfois « spécifiques ») de production ; le coût de revient des ventes comprend les coûts de production augmentés des coûts directs de distribution.

			P1	P2	total
N	(B+C) /A	coût unitaire de production	12 *(1000+200)/100*	8 *(1500+100)/200*	
P	M x N	valeur du stock	240 *(20x12)*	400 *(50x8)*	**640**
Q	J x N	coûts de production des ventes	960 *(80x12)*	1 200 *(150x8)*	**2 160**
G		coûts de distribution des ventes	100	50	**150**
R	**L – (Q+G)**	**marge sur coûts directs**	**1 340** ***2400 –(960+100)***	**1 750** ***3000 –(1200+50)***	**3 090**
S	D+E+H	autres charges			1 900 *300+600+1000*
T	**R – S**	**résultat analytique**			**1 190** ***3090 – 1900***

présentation possible d'un compte d'exploitation analytique en coûts directs (ou coûts spécifiques)

	produits				unités		total
	A	B	C	D	X	Y	
❶ **chiffre d'affaires**							
❷ coûts directs de production							
❸ coûts directs hors production							
❹ coûts de revient spécifiques (directs) des ventes ❷ + ❸							
❺ **marge sur coûts directs ❶ – ❹**							
❻ charges indirectes de production							
❼ charges indirectes hors production							
❽ autres charges indirectes							
❾ **résultat ❺ – ❻ – ❼ – ❽**							

(1) charges de structure globale non réparties.

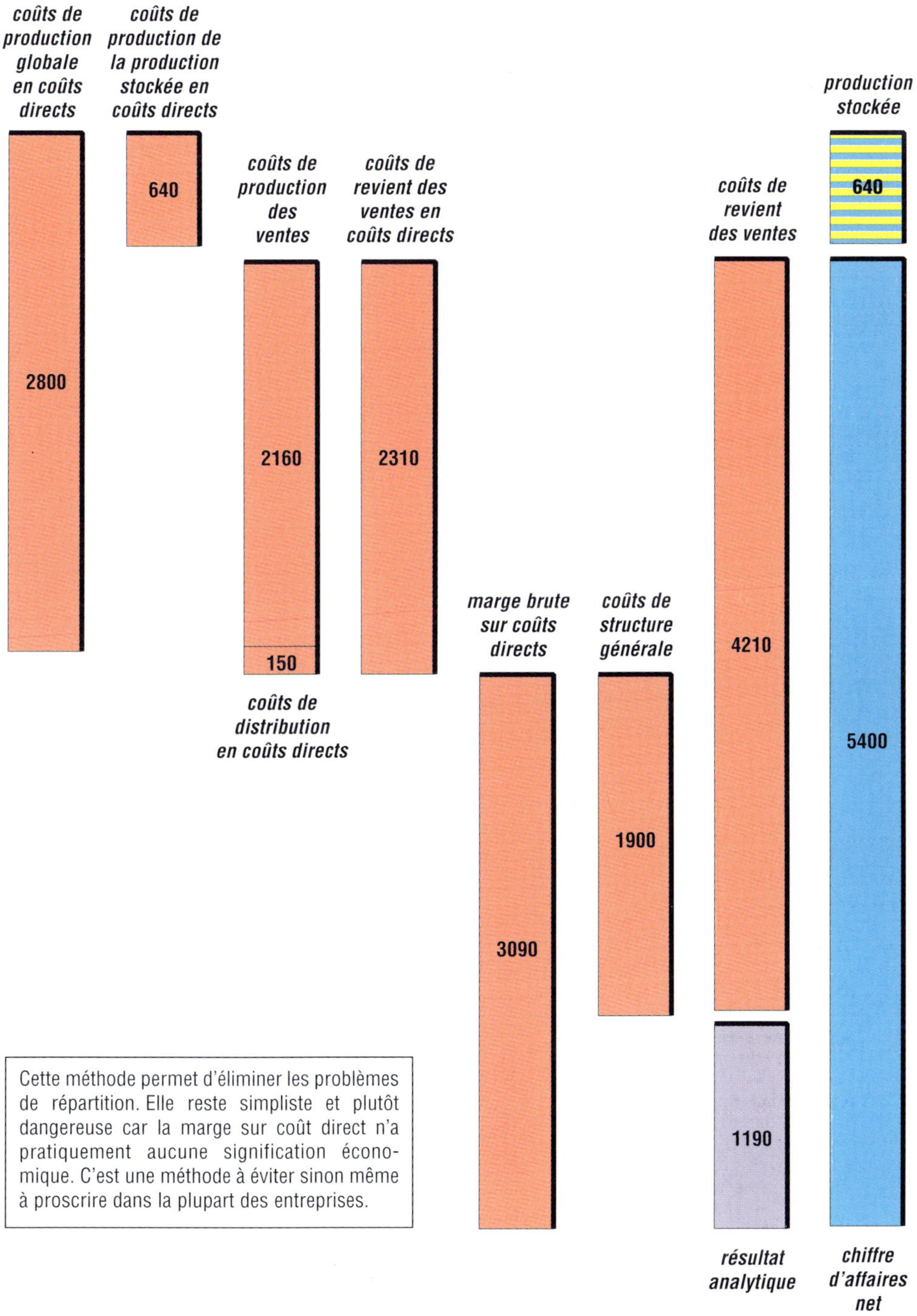

Cette méthode permet d'éliminer les problèmes de répartition. Elle reste simpliste et plutôt dangereuse car la marge sur coût direct n'a pratiquement aucune signification économique. C'est une méthode à éviter sinon même à proscrire dans la plupart des entreprises.

2.3 Le compte d'exploitation analytique en coûts variables

Les en-cours et les produits finis sont évalués en coûts variables de production ; le coût total de revient des ventes comprend les coûts de production augmentés des coûts de distribution variables. Dans ce système, les coûts indirects de structure ne sont pas répartis dans les comptes de production.

			P1	P2	total
N	B / A	coût unitaire de production en coûts variables seulement	10 *1000/100*	7,5 *1500/200*	
P	M x N	valeur du stock	200 *(20x12)*	375 *(50x7,5)*	**575**
Q	J x N	coût total de production des ventes	800 *(80x10)*	1 125 *(150x7,5)*	**1925**
G		charges de distribution variables	100	50	**150**
R	**L – (Q+G)**	**marge sur coûts variables**	**1 500** ***2400 –(800+100)***	**1 825** ***3000 –(1125+50)***	**3 325**
S	C +D+E+H	autres charges (charges de structure globale)			2 200 *300+300+600+1000*
T	**R – S**	**résultat analytique**			**1 125** ***3325– 2200***

présentation possible d'un compte d'exploitation analytique en coûts directs (ou coûts spécifiques)

	produits				unités		total
	A	B	C	D	X	Y	
❶ **chiffre d'affaires**							
❷ coûts de production variables							
❸ coûts de distribution variables							
❹ marge brute ❶ – ❷ – ❸							
❺ charges variables							
❻ charges de structure spécifiques aux produits ou aux ventes							
❼ autres charges de structure							
❽ **résultat ❹ – ❺ – ❻ – ❼**							

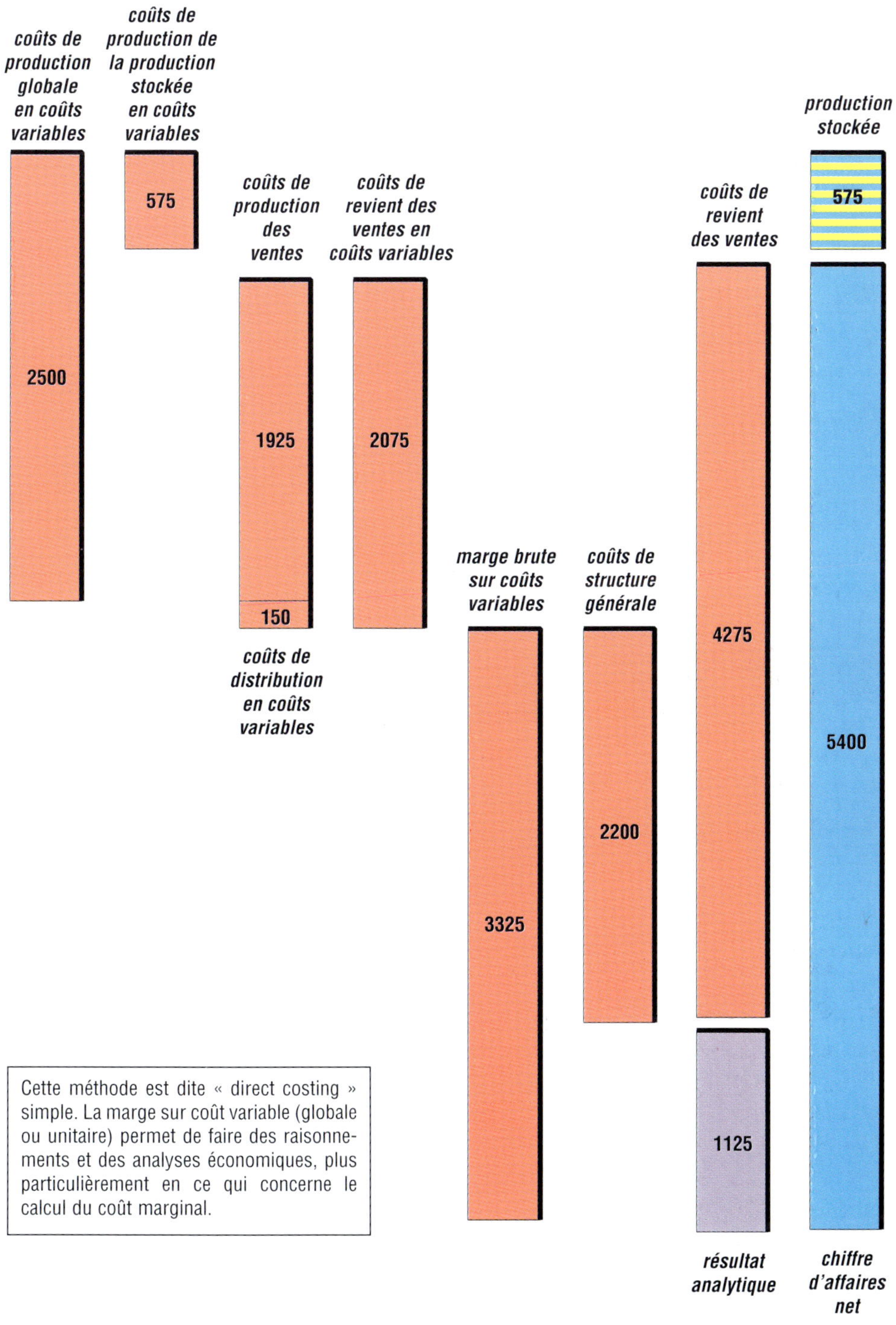

Cette méthode est dite « direct costing » simple. La marge sur coût variable (globale ou unitaire) permet de faire des raisonnements et des analyses économiques, plus particulièrement en ce qui concerne le calcul du coût marginal.

compte d'exploitation analytique en coûts variables
à plusieurs niveaux d'activité
(modèle du plan comptable)

	divisions →	1			2		total	division			entreprise
	produits →	A	B	C	D	E		1	2	total	
1	chiffre d'affaires										
2	charges variables de commercialisation[1]										
3	charges variables de production[2]										
4 *2+3*	total des coûts variables										
5 *1-4*	***marges sur coûts variables***										
6	marges sur coûts variables par division										
7	charges fixes des centres opérationnels de la division										
8	coûts des centres de structure de la division										
9 *7+8*	charges de structure (et fixes) de la division										
10 *6-9*	***marges de contribution***										
11	ensemble des marges de contribution des divisions										
12	coûts des centres de structure de l'entreprise (structures communes) *(distribution, directions, administration, etc.)*										
13 *11-12*	***résultat d'exploitation analytique***										

Ce modèle est réduit à 5 produits, 2 divisions et 13 lignes. Théoriquement, on peut multiplier les lignes et les colonnes... jusqu'à ce que le tout devienne illisible.

Cette méthode est appelée (en terminologie anglo-saxonne) « direct costing évolué ». Elle permet d'avoir les deux niveaux de marge essentiels pour prendre la plupart des décisions économiques, en particulier celles relatives au niveau de marge sur coût variable et le niveau de la marge contributive.

(1) commissions, transports, emballages, etc.
(2) matières, main-d'œuvre, matières consommables, etc.

2.4 Le compte d'exploitation analytique à partir des coûts et prix standard

Cette présentation très proche de celle préconisée par le plan comptable est un élément de gestion budgétaire mensuelle et annuelle, elle permet une première analyse des écarts en valeurs absolues et relatives.

			valeurs préétablies	valeurs réelles	écarts[1]
1	ventes				
2	coût global de production				
3	écarts sur matières premières	• sur valeur			
4		• sur quantité			
5	écarts sur main-d'œuvre directe	• sur valeur			
6		• sur quantité			
7	écarts sur coûts des centres d'analyse	• sur rendement			
8		• sur activité			
9		• sur budget			
10 3 à 9	écarts sur production				
11	charges hors production				
12 2+11	coût de revient total				
13 1-12	***résultat analytique***				

(1) préciser « + » ou « – » ou, de préférence, « B » pour les bonis et « M » pour les malis.

2.5 L'influence de la méthode des coûts adoptée sur la valorisation des stocks aval

Les trois systèmes de coûts adoptés pour le compte de résultat analytique montrent des **écarts sensibles d'évaluation des stocks aval**, c'est-à-dire essentiellement les produits finis dans l'exemple étudié mais, également, dans les en-cours.

Le coût complet absorbe le maximum de charges de structure au niveau de la production tandis que la méthode des coûts variables et des coûts directs rattache le plus de structure possible au niveau et au moment de la vente.

Il s'ensuit une **sous-évaluation des stocks aval** en coûts variables et en coûts directs par rapport à la méthode des coûts complets, ce qui a tendance à **différer le résultat** ; méthode que n'apprécie pas l'administration fiscale qui peut exiger une réincorporation partielle des coûts de structure de production dans les stocks aval.

Il est normal que les responsables de centres ne soient pas encombrés d'informations sur lesquelles ils ne peuvent rien faire comme, par exemple, les coûts de structure répartis autoritairement et arbitrairement. Par contre, une sous-valorisation des coûts pour en rajouter au maximum dans la grande corbeille des structures générales peut présenter des inconvénients de valorisation des stocks et des en-cours.

6

la comptabilité analytique facteur de participation

1 Les pièges à éviter

2 Expliquer les faits, savoir

3 Comprendre, motiver

4 L'évolution... possible ? probable ?

1 LES PIÈGES À ÉVITER

La comptabilité analytique comporte trois pièges :

- la **chasse aux sorcières**,
- les **détails inutiles**,
- le **coût de l'absolu**.

Étant donné ses caractéristiques et ses buts, la comptabilité analytique permet de savoir qui est à l'origine d'une marge déficitaire et d'en déterminer les raisons. Mais ce n'est pas toujours là où apparaissent les mauvaises images et les méchantes déviations de coûts que se trouve obligatoirement, intégralement et solitairement le responsable.

La politique de l'entreprise, le climat social, la déroute (ou l'euphorie) commerciale, le refus (ou l'impossibilité) des moyens faute d'investissements, l'inadaptation aux techniques en perpétuelle mouvance peuvent être des raisons, des causes, de marges défaillantes à un niveau d'exécution.

La chasse aux sorcières, grâce à la comptabilité analytique, est assez facile à entreprendre. Elle est complètement absurde dans la plupart des cas car elle peut tourner au règlement de compte et, surtout, elle prive l'entreprise d'un outil de gestion performant.

Le contrôleur de gestion, mandaté par la direction générale, a besoin de **détecter les événements et les chiffres sympathiques autant que les dérives et résultats** trop souvent qualifiés de catastrophiques alors qu'ils ne sont qu'accidentels. Si le contrôleur de gestion tient correctement son rôle, il doit analyser les faits réels ou apparents avec les responsables, il doit conseiller et aider ; autrement dit, aucun contrôle de gestion – aucun profit – n'est possible sans confiance.

De plus, si la comptabilité analytique est utilisée comme outil de sanction, la plupart des responsables – tous intelligents – s'arrangeront pour tripoter les informations de base, pour brouiller les pistes ; triste performance surtout pour le contrôle budgétaire.

Le deuxième piège est la recherche de détails complètement inutiles. Combien d'états de sortie informatiques indiquent les masses – pour ne pas dire les kilomètres – de renseignements inutiles. Par exemple, pourquoi continuer à indiquer les temps en centième d'heure quand on sait que l'imputation de la main-d'œuvre se fait à la demi-journée dans un service technique travaillant sur un marché de plusieurs centaines de millions ?

Pourquoi donner le détail en 150 lignes des produits consommables utilisés par un centre de travail quand on sait que l'ensemble de ces consommables représente entre 1,5 % et 1,8 % des coûts de production ?

Pourquoi enquiquiner l'agent commercial avec des décomptes de kilomètres et de notes de frais de plusieurs kilos par an quand l'expérience montre qu'un forfait suffirait largement à satisfaire l'agent commercial, le contrôleur de gestion et la direction ?

Le troisième piège de la comptabilité analytique est la recherche de l'absolu, prétendue signe de jeunesse par certains. C'est souvent au niveau de l'organisation que l'on trouve les plus mauvaises perles d'absolu.

Par exemple, pourquoi créer des sections fictives pour calculer le prix moyen du kilomètre parcouru quand il est bien plus simple d'enregistrer les coûts réels ?

Pourquoi ouvrir un compte de production par marché quand un marché de rechange porte sur une somme insignifiante ?

Pourquoi multiplier à l'infini les centres et sections jusqu'à créer des sections d'un salarié responsable de sa section ?

L'absolu a un coût exorbitant et l'absolu est absurde quand il n'est pas facteur de décisions.

Que ce soit sur des supports papiers ou directement sur clavier, **il faut absolument limiter au minimum possible les renseignements à demander aux exécutants**. Si à chaque visite, le représentant est obligé de fournir 12 à 15 renseignements et si le livreur doit remplir un « bordereau » compliqué et mal présenté à chaque arrêt, il est à parier que la comptabilité analytique n'aura plus qu'un sens théorique sur des informations bâclées.

2 EXPLIQUER LES FAITS

La comptabilité analytique a pour vocation d'enregistrer des faits et des flux, et de permettre aux responsables d'**expliquer les variations et les progressions**.

Le rôle de l'informatique est particulièrement important. Que l'organisation de base soit complexe, compliquée, détaillée, matricielle, croisée ; qu'elle soit en mesure de donner une infinité de précisions qui ont leur utilité une fois par siècle, rien ne s'oppose à de telles fantaisies dans la mesure où elle ne coûte rien au niveau de la saisie. Un bon logiciel n'est qu'une moulinette à chiffres.

On peut, alors, imaginer plusieurs niveaux d'analyse en fonction des besoins et des recherches à faire. Il vaut mieux avoir, au départ, peu d'informations sur lesquelles on peut agir que de trier dans une poubelle l'information éventuellement intéressante.

Il faut absolument que le dialogue soit permanent entre les responsables d'unités ou de centres et le contrôleur de gestion pour déterminer les informations indispensables, utiles, intéressantes, inutiles et encombrantes. C'est un facteur d'économie et d'efficacité.

exemple à quatre niveaux

❶	informations indispensables à paraître régulièrement	publiables, non publiées,... restées dans la machine		
❷		informations par exception(1)		
❸			informations fournies sur demande expresse *(souvent statistiques)*	
❹				informations très détaillées pour enquêtes approfondies

(1) *les données ne sont publiées que dans la mesure où les normes sont dépassées ou non atteintes d'une façon significative.*

3 COMPRENDRE, MOTIVER

La comptabilité analytique ne peut pas être seulement le fruit d'une cogitation technocratique. C'est un **outil de communication économique**.

Elle doit être un compromis, souvent remis en cause entre :

- les **besoins des responsables** et ceux du contrôle de gestion,
- parfois, les **besoins de la direction** et ceux des exécutants,
- le **niveau de compréhension** des responsables,
- les **pouvoirs de décisions** des responsables de centre ou de travail (section) et des responsables d'unité de gestion.

C'est à la comptabilité analytique de s'adapter et de tenir compte des besoins parfois contradictoires. Chacun doit comprendre pour décider à son niveau. Les acteurs seront motivés en laissant passer la caravane s'ils ne sont pas impliqués.

Enfin, la comptabilité analytique doit être adaptée à chacun des métiers, à chacune des entreprises qu'elles soient dans la production de base ou dans les services, qu'elles soient grandes ou très petites.

Heureusement, le plan comptable recommande mais n'impose rien. La comptabilité analytique est un domaine de liberté et d'imagination.

Cela peut devenir passionnant.

4 L'ÉVOLUTION... POSSIBLE ? PROBABLE ?

L'évolution technologique de l'électronique et de l'informatique modifie en permanence les réseaux de communication. Cela va profondément modifier la comptabilité analytique tant dans ses coûts d'exploitation que dans ses méthodes, ses procédures et son efficience (et non seulement dans son efficacité).

Il est **probable** que l'on prendra de meilleures décisions, plus fréquemment, plus rapidement, avec plus de précisions et moins d'incertitudes soignées.

Il est **possible** que ces évolutions favorisent la grande entreprise qui peut investir et licencier par rapport à la petite entreprise – dont les besoins sont souvent plus modestes – qui ne peut pas investir dans des systèmes performants et ne peut licencier quand, par exemple, il n'y a qu'un spécialiste de la comptabilité analytique dans l'entreprise.

Il s'est écoulé à peine un demi-siècle entre la plume d'oie et internet. **L'exponentielle quantitative et qualitative des réseaux de communication ne sera pas sans conséquences sur la comptabilité analytique.**

La plume d'oie et les huissiers d'étage
le crayon à bille et la poste
les tableaux à double entrée
la bureautique et le téléphone
l'informatique
le minitel
l'électronico-visio-informatique
internet, intranet et autres web
les réseaux de communication en temps réel
... demain ?

Sans faire de prospective mais simplement en réfléchissant sur un futur proche, on peut établir le tableau suivant.

ce qui va ***(probablement)*** **changer**	**ce qui ne va** ***(peut-être)*** **pas changer**	**les dangers** ***(possibles)*** **de l'évolution des réseaux de communication**
meilleure **adaptabilité** à traiter toutes les spécificités	nécessité de **comprendre**	réduction du sens critique
facilité d'accès à l'information et amélioration de la communication	obligation de prendre des **décisions**	passivité
rapidité (information, communication, décisions)	**compétences** actualisées en permanence pour alimenter l'intelligence des réseaux	excès d'informations
accès amélioré à la **formation**	obligation de continuer à remplir certaines **tâches élémentaires** (inventaires)	sélection d'informations difficile
possibilités étendues de **simulations** en temps réel	**rigueur** obligatoire des saisies et des procédures	désespérance de ceux qui ne s'adaptent pas aux nouvelles technologies
investissements de plus en plus coûteux face à une exploitation de plus en plus légère		perte de contrôle du système (mémoire, accidents, complexité, etc.)
		panne des systèmes en réseaux

On peut appréhender, craindre, l'évolution des techniques et des mentalités ; on peut, aussi, s'enthousiasmer en se persuadant que demain on n'aura plus rien d'autre à faire que de regarder des écrans en couleur qui feront le travail.

Ces deux attitudes extrêmes sont absolument fausses car, heureusement, les machines merveilleuses restent parfaitement idiotes.

On aura toujours besoin de créer, d'imaginer, de décider : un coût standard ne se fera jamais tout seul, pas plus qu'un tableau de répartition ou la détermination d'un prix de vente dans le cadre d'une stratégie concurrentielle.

Les aides à la décision, les aides à l'exploitation, les aides aux millions d'opérations et d'enregistrement de base rendront les **travaux plus rapides et moins fastidieux**.

L'informatique et le développement des réseaux permettront peut-être d'imaginer de nouveaux systèmes et procédures de comptabilité analytique, certaines techniques (comme les comptes réfléchis) disparaîtront, les résultats analytiques pourront être connus avec précision tous les matins ou tous les soirs, peut-être même les systèmes proposeront un choix de décisions éventuelles mais pas plus la comptabilité analytique que le contrôle de gestion ne se fera sans l'homme.

Heureusement.

pages des tests	*numéros des tests*	*COMMENTAIRES SUR LES RÉPONSES... FAUSSES*	*références à consulter (pages)*
36	3	La comptabilité analytique organise les flux internes de biens et de services et n'a rien à voir avec les entrées et les sorties d'argent.	**25**
	6	Le prix d'achat est celui du fournisseur. Le coût d'achat comprend, en plus, les frais d'approche.	**33**
	8	L'organisation de la comptabilité analytique doit être cohérente avec le système budgétaire, sinon le calcul des écarts est impossible.	**28**
	10	C'est la rapidité de l'information qui prime son exactitude. Le centime près n'est valable qu'à la clôture des comptes... pour l'élégance et, aussi, pour le contrôle.	**28**
54	1	L'organisation d'une comptabilité analytique dépend des produits, de la typologie, du secteur d'activité en plus de la taille.	**38**
	4	Absolument faux. La comptabilité analytique doit être un outil souple et s'adapter à toutes les circonstances.	**41**
	7	Un centre de profit a un compte de résultat, un centre de rentabilité a, en plus, un bilan (en simplifiant).	**45**
	9	Les statistiques sont très utiles pour les répartitions et les standards ; plus que les mathématiques financières cependant utiles dans les domaines de gestion.	**50**
78	1	Une heure payée n'a pas du tout le même coût qu'une heure produite... hélas.	**58**
	4	Les méthodes LIFO, FIFO et CMP sont applicables aux stocks amont (matières premières, pièces détachées, etc.)	**60**
	5	Les différences d'inventaires existent dans les deux sens. Il y a, parfois, des excédents en stock pour de multiples raisons.	**65**
	10	L'imputation marginale n'a aucun sens. À ne pas confondre avec coût marginal qui n'a rien à voir avec l'imputation rationnelle.	**73**
118	2	Les coûts de distribution ne sont imputés qu'aux coûts de revient. Ils ne peuvent être incorporés dans les stocks.	**106**
	4	La production immobilisée est valorisée en coût de production, sans frais de structure globale.	**99**
	6	Coûts directs et coûts variables sont deux concepts très différents qui peuvent, parfois, recouvrir un même objet.	**25**
	9	Il y a bien des coûts qui ne sont ni l'un ni l'autre, ni variables ni fixes ; ils sont « modulables ».	**96**

Mise en page Edie – Achevé d'imprimer le 24 septembre 1998 sur les presses de l'imprimerie "La Source d'Or" 63200 Marsat
N° d'éditeur : 2017 – N° d'imprimeur 7592
Dépôt légal : Octobre 1998
Imprimé en France